GESCHWISTERLICHKEIT

Horizontale Beziehungen in Psychotherapie und Gesellschaft

herausgegeben von
Hans Sohni

Mit 5 Illustrationen von Otto Ubbelohde

PSYCHOANALYTISCHE BLÄTTER
Band 12

Vandenhoeck & Ruprecht

PSYCHOANALYTISCHE BLÄTTER

Herausgegeben von Wilhelm Burian, Wien; Berthold Rothschild, Zürich; Louis M. Tas, Amsterdam; Jörg Wiesse, Nürnberg. Unter Mitarbeit von Eva Weinstock-Kroczek.

Band 1:	Aggression am Ende des Jahrhunderts herausgegeben von Jörg Wiesse
Band 2:	Ererbte Traumata herausgegeben von Louis M. Tas und Jörg Wiesse
Band 3:	Die Zukunft der Psychoanalyse herausgegeben von Wilhelm Burian
Band 4:	Geschlecht und Gewalt herausgegeben von Margarete Berger und Jörg Wiesse
Band 5:	Selbstmystifizierung der Psychoanalyse herausgegeben von Berthold Rothschild

Die Bände können einzeln bezogen oder zur Subskription bestellt werden – dann ermäßigt sich der Preis um 10%.

Die Deutsche Bibliothek – CIP-Einheitsaufnahme

Geschwisterlichkeit : horizontale Beziehungen in Psychotherapie und Gesellschaft / hrsg. von Hans Sohni. Mit Ill. von Otto Ubbelohde. – Göttingen: Vandenhoeck & Ruprecht, 1999
(Psychoanalytische Blätter; Bd. 12)
ISBN 3-525-46011-2

Satz: Text und Form, Pohle
Druck und Bindearbeiten: Hubert & Co., Göttingen

Inhalt

Einführung

> Bisher sind weder echte Iche noch ein echtes Wir ins Leben getreten. Für beide kam noch keine blühende Zeit, und kommt sie, dann werden mit dem neuen Inhalt auch die bisherigen Formen verändert sein.
>
> *Ernst Bloch*

Der olympische Götterreigen im griechischen Mythos wird von einem geschwisterinzestuösen Paar angeführt: Zeus und Hera sind Geschwister, ein rivalisierend streitendes Paar. Mythologische Bruder-Schwester-Paare stellen transkulturell den Wunsch dar, die Dualität der Geschlechter in einer neuen Einheit (verschmelzend, gleichwertig?) zu verbinden. Die postmoderne Debatte über eine binär-gespaltene versus eine integrativ konstruierte Sexualität ist also so neu nicht. Ebenso tragen die jahrtausendealten mythologischen Bilder die Dynamik der Geschwisterbeziehung in sich – heute formuliert als Spannungsfeld zwischen dem Wunsch nach Ähnlichkeit, Nähe, Gleichheit auf der einen Seite und dem Wunsch nach Eigenständigkeit, Abgrenzung, Unterschiedlichkeit auf der anderen. Jede Seite kann als bedrohlich erlebt und entsprechend bis zu extremer Einseitigkeit abgewehrt werden.

In den Sozial- und Humanwissenschaften spielten Geschwister bis in jüngste Zeit kaum eine Rolle. Gesellschaftlich wurde das revolutionäre Ideal der *Brüderlichkeit* aufs schwerste korrumpiert – besonders schmerzlich beschädigt in faschistisch – wie sozialistisch-totalitären Gesellschaften („linker Faschismus“). Das Motto der Frauenbewegung „Solidarität statt Rivalität“ („sisterhood is powerful“) führte zu neuer Enttäuschung, auch die *Schwesterlichkeit* ist vorerst gesellschaftlich gescheitert. Frauen geraten in ein widersprüchliches Selbstverständnis, wenn sie soziale Strukturen in Richtung eines weiblichen Miteinanders verändern wollen, in ihren Ursprungsfamilien aber selbst diese Rolle als elterliche Forderung erfahren haben. Aber auch ein Neuanfang wird erkennbar: Die Auseinandersetzung mit der eigenen ursprünglichen Schwesternbeziehung kann die soziale Einstellung zu Frauen von der andernfalls latent weiterwirkenden Rivalitätsdynamik dekontaminieren und in der Folge konstruktiver gestalten (Siebenschön 1983).

Auch aus der Geschichte der Psychoanalyse ergeben sich Hinweise für eine Neuorientierung. Freud entschied sich für die vertikale Familiendynamik: Nur die Eltern zählen als Protagonisten, nicht auch die Geschwister (Wellendorf 1995). Den Ödipuskomplex löste Freud aus dem geschwisterlichen Kontext heraus (nichts von Antigone). So fehlte ein diskursives Instrument, die in der Geschichte der psychoanalytischen Institutionalisierung von Anfang an auftretenden Geschwisterkämpfe (Bruder- *und* Schwesternkriege) zu reflektieren. Vergeblich hatte Ferenczi für eine weitgehend geschwisterliche Institutionsstruktur plädiert:

„Gerade psychoanalytisch geschulte Mitglieder wären am besten dazu berufen, einen Verein zu gründen, der die größtmögliche persönliche Freiheit mit den Vorteilen der Familienorganisation verbindet. Dieser Verband wäre eine Familie, in der dem Vater keine dogmatische Autorität zukommt, sondern gerade so viel, als er durch seine Fähigkeiten und Arbeiten wirklich verdient; seine Aussprüche würden ... Gegenstand einer eingehenden Kritik, und er selbst nähme diese Kritik nicht mit der lächerlichen Überhebung des Pater familias auf. Auch die in diesem Verband vereinigten jüngeren und älteren Geschwister würden ohne kindische Empfindlichkeit und Rachsucht ertragen, daß man ihnen die Wahrheit ins Gesicht sagt" (Ferenczi 1910). Das dann entstandene „Komitee" (Schröter 1995) zeigt interessanterweise eben die – autoritätsgestützte – Struktur, die Freud zur gleichen Zeit auch theoretisch konzipierte: Teilnehmer einer Masse nehmen die Gestalt des Führers zum Ich-Ideal und ermöglichen es damit, untereinander relativ spannungsfreie Identifikationen einzugehen (Freud 1921). Parin hat dieses Modell milde kritisiert: nach seinen afrikanischen Untersuchungen können identifikatorische Beziehungsformen eingegangen werden, „ohne daß ein Führer oder eine Leitidee in Erscheinung tritt" (Parin 1977).

In den letzten 25 Jahren lockerte sich das Tabu der Geschwisterbeziehung in der Psychoanalyse. Zunehmend wird anerkannt, daß sich Persönlichkeitsbereiche wie Gerechtigkeit und gegenseitige Anerkennung nicht im vertikalen, sondern im horizontalen Beziehungsfeld entwickeln: „Nicht nur ist zwischen Erwachsenen und Kindern keine Gleichheit möglich, sondern die Gegenseitigkeit zwischen Kindern läßt sich auch nicht befehlen: von außen aufgezwungen führt sie nur zu einer interessierten Berechnung oder bleibt den Begriffen der Autorität oder der äußeren Regel, die ihre Verneinung sind, untergeordnet" (Piaget 1973).

Heute stimmen auch Psychoanalytiker der Grundannahme zu, die Entwicklung eines Menschen vollziehe sich zugleich als eine individuelle und als eine soziale – *Beziehungsfähigkeit und Autonomie* bilden gemeinsam ein Ziel. Da sich die soziale Entwicklung wesentlich in horizontalen Beziehungen vollzieht (Geschwister, Gleichaltrige, Gruppen), erfordern und erfahren diese horizontal verlaufenden Prozesse zunehmend unsere Achtung und Beachtung. Nur sind wir darin sehr viel ungeübter als im Erleben entlang der Vertikalen. Ernüchtert und ermutigt können wir uns dieser neuen Sicht öffnen und in einer vertikal-hierarchisch organisierten Gesellschaft Chancen zu Veränderungen gewinnen. Ein Verständnis institutioneller Prozesse und ein psychoanalytisches Konzept erwachsener Solidarität setzen voraus, die horizontal-geschwisterliche Konfliktdynamik als eigenständig und gleichwertig zur vertikalen Dynamik zu behandeln und zu untersuchen.

Die Beiträge des vorliegenden Bandes folgen dieser Intention und vertreten aus dem weiten Spektrum möglicher Anwendungen bewußt unterschiedliche Ansätze und Bereiche. Sie entstanden für den Kongreß „Geschwisterlichkeit" 1997 in Münsterlingen, den wir in einer „Geschwistergruppe" projektierten. Ein „Werkstattbericht" am Schluß dieses Bandes gibt den Prozeß wieder, bis an welche Grenzen wir selbst bei Vorbereitung und Durchführung der Tagung mit der Geschwisterlichkeit gelangten. Wo ist Geschwisterlichkeit greifbar, erfahrbar, anwendbar? Die moderne Entwicklungsforschung verwendet im Konzept der „kontextuellen Entwicklung" ein Modell, nach dem unterschiedliche, aber gleichwertige (vertikale und horizontale) Beziehungserfahrungen integriert werden. Die Geschwisterbeziehung ist wie die Eltern-Kind-Beziehung und diese ergänzend eine eigene Grunderfahrung und ein eigenes Übertragungsmodell. Es geht darum, Geschwisterübertragungen und -gegenübertragungen als Wiederholung von Geschwistererfahrungen zu verstehen und systematisch aufzugreifen. So sind zum Beispiel Teilnehmer und Teilnehmerinnen von Familenselbsterfahrungsgruppen immer überrascht von der Relevanz und Evidenz ihrer Geschwisterbeziehungsmuster, die ihnen in der Einzelselbsterfahrung meist nicht zugänglich wurden. Es geht darum, diese konzeptuelle Sicht in der psychoanalytischen Praxis (Einzeltherapie, Paar- und Familientherapie, Gruppentherapie, Supervision) und im institutionellen Umgang miteinander anzuwenden (Kernberg 1998). Mit sich veränderndem Selbstverständnis können Therapeuten und Leiterinnen ihren Patienten, einer Gruppe, einem Team mehr eigene Stärke und Entwicklungsfähigkeit zutrauen. „Starke Eltern" können die Geschwisterbeziehungen ihrer Kinder zulassen, ohne in sie einzugreifen; familiäre Störungen sind überwiegend elterninduziert.

Persönlich finde ich die Beobachtung wichtig, Widerstände gegenüber dem Wunsch nach mehr Geschwisterlichkeit auch bei den Geschwistern selbst zu beachten und nicht – gewohnheitsmäßig – wieder die Väter, das vertikale Establishment verantwortlich zu machen. Es ist erstaunlich, welche Kräfte dann freigesetzt werden und welche horizontale Kompetenz sich manifestieren darf. Geschwisterlichkeit heißt für mich, jeden Dialog gleichberechtigt, nicht komplementär zu verstehen. Geschwisterlichkeit muß geübt werden und entsteht nicht im euphorischen Entwerfen von Überschriften. Ernst machen mit Geschwisterlichkeit heißt weder, sich harmonisierend in die Arme zu fallen noch sich in endloses Rivalisieren zu verlieren – sondern heißt, exklusive Sicherheiten zu verlassen und aufeinander zuzugehen, mit der Aussicht, mehr zu verstehen und lebendiger miteinander zu werden.

Hans Sohni

Literatur

Ferenczi, S. (1910): Zur Organisation der psychoanalytischen Bewegung. In: Balint, M. (Hg.), Ferenczi. Schriften zur Psychoanalyse. Bd. 1 (1970), S. 53.

Freud, S. (1921): Massenpsychologie und Ich-Analyse. G.W. Bd. XIII. Frankfurt a. M.

Kernberg, O. F. (1988): Dreißig Methoden zur Unterdrückung der Kreativität von Kanditaten der Psychoanalyse. Psyche 52: 199–213.

Parin, P. (1977): Das Ich und die Anpassungsmechanismen. Psyche 31: 491.

Piaget, J. (1973): Das moralische Urteil beim Kinde. Frankfurt a. M., S. 361.

Schröter, M. (1995): Freuds Komitee 1912–1914. Ein Beitrag zum Verständnis psychoanalytischer Gruppenbildung. Psyche 49: 513–563.

Siebenschön, L. (1983): Schwestern: Lieb sein, gut sein, giftig sein. Psychologie heute 10: 38–42.

Wellendorf, F. (1995): Zur Psychoanalyse der Geschwisterbeziehung. Forum Psychoanal. 11: 295–310.

Manfred Cierpka

Unterschiede und Gemeinsamkeiten bei Geschwistern

Summary: Differences and Similarities between Siblings

In addition to the effects of genetics on relations of the first degree there are a number of social dimensions which contribute to the differences and similarities of siblings in their personality, intelligence, behavior, and relationships. The identification and de-identification processes in families described in the psychoanalytic theory explain the similarities. The binding theory with its internal work models also describes approaches for similar binding styles in siblings. Using a family therapeutic case example these two approaches are exemplified. Behavior genetics studies on shared and non-shared environments of siblings are discussed in this article in order to explain differences in siblings. The non-shared experiences of siblings in the familiy seem to have a much greater effect on individual development than the life shared with the siblings.

Zu beobachtende Gemeinsamkeiten von Geschwistern verweisen auf die Abstammung aus der gleichen Familie. Die jüngere Tochter sieht der älteren ähnlich, ein bestimmtes körperliches Merkmal – zum Beispiel „das Muttermal" – ist auch beim Geschwister vorhanden. Auch typische Charakterzüge werden von den Eltern, Verwandten und Freunden bei den Kindern wahrgenommen. Der kleine

Bruder ist genauso klug wie die große Schwester oder genauso ungeduldig. In der Regel tragen diese konstatierten Gemeinsamkeiten auch zur Typisierung der Familie bei, wenn man etwa über die Klugheit der Kinder spricht, spricht man auch über das Ansehen der Familie.

Wenn man sich selbst charakterisiert, werden oft Vergleiche mit den Geschwistern bemüht. Dabei scheinen Verweise auf Unterschiedlichkeiten häufiger vorzukommen als Hinweise auf Gemeinsamkeiten mit Geschwistern. Der ältere Bruder war schon immer temperamentvoller, die jüngste Schwester das Nesthäkchen und dem Vater das liebste Kind. Der Bruder kommt nach der Mutter, man selbst ist eher dem Vater ähnlich. Neidvoll registriert man den Bruder als den besseren Sportler oder den begabteren Musiker. Erlebt wird also nicht nur der Altersunterschied, charakterisiert werden die einzelnen mit dem Temperament, der Intelligenz, der körperlichen Gewandtheit, den Persönlichkeitszügen im Vergleich zu den Geschwistern. Viele dieser Unterschiede führen zu einer eigenen Lebensauffassung und zu verschiedenartigen Lebensgestaltungen der Geschwister.

Geschwister können derartig verschieden im Aussehen und in der Person sein, als ob sie aus zwei Familien stammten. Auch wenn sie phänotypisch sehr verschieden sind, tragen die Geschwister zu 50 Prozent ein gemeinsames Genom. Über das genetische Muster hinaus läßt sich die Familiendynamik ohne die Beziehungen des Geschwisters zu den anderen Familienmitgliedern nicht vollständig wiedergeben. Das Beziehungsdreieck des einen Geschwisters mit Mutter und Vater würde nicht die Dynamik dieser Familie charakterisieren können. Es fehlt das zweite Dreieck Geschwister 2 – Vater – Mutter. Erst die beiden so unterschiedlichen Dreiecksbeziehungen, die elterliche Beziehung und natürlich die Geschwisterbeziehung selbst ergeben in der Summation das, was als „die eigene Familie" bezeichnet würde – und das was jeder als Familienidentität in sich trägt (Cierpka 1992).

In der Literatur setzte man sich hauptsächlich mit dem Einfluß der Paarbeziehung der Eltern auf die Kinder, weniger mit dem Einfluß der Kinder auf die Paarbeziehung auseinander. Noch weniger befaßte man sich mit der Geschwisterdynamik und ihrem Einfluß auf die Paarbeziehung und die psychische Entwicklung der Kinder selbst. Die Geschwisterbeziehungen wurden in der Psychotherapie und in der Familienforschung in ihrer Bedeutung unterschätzt. Das systemtheoretische Paradigma hat das Denken in Wechselwirkungsprozessen in der Familientheorie entscheidend vorangebracht. Die Familientheorien haben in diesem Zusammenhang der Geschwisterdynamik im Subsystem der Familie mehr Beachtung geschenkt. Dies wirkte sich sehr förderlich auf die Theoriebildung und auch auf die Geschwisterforschung aus.

Kasten (1993) gibt einen Überblick über die Forschung von Geschwisterbeziehungen. Die Forschung umfaßt die Untersuchung unterschiedlichster Facetten der Geschwisterbeziehung. In der vorliegenden Arbeit soll es allein um die Gemeinsamkeiten und Unterschiede von Geschwistern gehen. Die familienstrukturellen Unterschiede, also die Geburtenreihenfolge der Geschwister und die Geschlechterdifferenzierung mit ihren Auswirkungen auf die Geschwisterdynamik bleiben in dieser Arbeit ausgespart.

Zur Familientheorie der Geschwisterdynamik

In der familientheoretischen Auseinandersetzung mit dem Thema erscheint der koevolutive Ansatz (vgl. Willi 1985) besonders geeignet, Beziehungen zwischen dem gemeinsamen Aufwachsen von Geschwistern in einer Familie und ihrer individuellen Entwicklung zu beschreiben.

In einer Familie leben mehrere, meistens die zwei Generationen der (leiblichen, Adoptiv-, Pflege-, Stief-) Eltern und der (leiblichen, Adoptiv-, Pflege-, Stief-) Kinder zusammen (Cierpka 1996). Kinder in einer Familie, falls im Plural, sind Geschwister. Sie konstituieren das, was wir als Familie bezeichnen. Erst durch sie entsteht die mehrgenerationale Dynamik, die die Familie von der Partnerschaft unterscheidet. Das Ziel eines heranwachsenden Kindes ist seine Individuation und die Reifung der eigenen Identität. Dies bedeutet das Herauswachsen aus und damit die Trennung von der Lebensform, die für die psychische Entwicklung vom Individuum über lange Zeit benötigt wird. Zwischen der individuellen und der familiären Entwicklung besteht eine Korrespondenz. Entwicklung vollzieht sich als Rückkopplungsprozeß zwischen den individuellen und den familiären Veränderungen.

Die verschiedenen Beziehungsebenen in der Familie

Einige Entwicklungspsychologen kennzeichnen die verschiedenen familiären Erfahrungsbereiche als unterschiedliche Organisationsebenen in der Familie. Unter dem Stichwort „Kontextualisierung der menschlichen Entwicklung" beschreiben Kreppner und Lerner (1989) die individuelle Entwicklung als dynamische Interaktion mit der Umwelt auf solchen Ebenen, die während der gesamten Lebensspanne wirksam werden. Psychoökologische Entwicklungspsychologen und Familienforscher nehmen eine systemtheoretische Untergliederung von verschiedenen Organisationsebenen in einer Familie vor. In einer ökologischen Betrachtungsweise (Bronfenbrenner 1981) werden Humansysteme in Untersysteme (Subsysteme) untergliedert, die für sich genommen wiederum ein eigenes System darstellen. Ein kontextuelles Entwicklungsmodell für die Familiendynamik weist mindestens drei Ebenen auf, die für den familiären Prozeß maßgebend sind – das *Individuum*, die *dyadische Ebene* und die *Familiendynamik* der Familie als Ganzes (vgl. Cierpka 1990).

Für die Erfahrungen des Kindes mit den Eltern und mit den Geschwistern gilt, daß eine rein lineare Abfolge der Entwicklungsphasen Dyade/Triade/Familie – also von der Symbiose zum ödipalen Konflikt – als überholt gilt. Eine spiralförmige Entwicklung entsprechend den affektiv-kognitiven Möglichkeiten des Kindes zieht Rückkopplungsprozesse zwischen den hierarchisch angeordneten Systemen entlang der zunehmenden Komplexität zwischen Individuum und

Familie in Betracht. Wahrscheinlich ist, daß sich das Kind das für seine Reifung günstigste Beziehungssubsystem aussucht („monitoring") und die Familie dieses System auch intuitiv zur Verfügung stellt. Von außen lassen sich diese Beziehungssysteme wie mit einem Zoomobjektiv betrachten: das Kind in der Dyade, in der Triade, in der Familie.

Die Interaktionsformen der Dyade, der Triade und dann der Kleingruppe Familie stellen natürlich keine scharf voneinander abgegrenzten zwischenmenschlichen Erfahrungsbereiche dar. Alle Interaktionsformen bestehen zeitlich nebeneinander, für das Kind sind nur bestimmte Muster entsprechend seinen affektiv-kognitiven Entwicklungen relevanter. Die Frage ist also, mit welchem System das Kind vorrangig interagiert, um in seiner aktuellen Entwicklung voranzukommen. Die Beziehung im Geschwistersubsystem kann sich als eine Beziehungsform herausbilden, die entweder die anderen Beziehungsformen in der Familie ergänzt oder sich von ihnen unterscheidet.

Die aktive Aneignung der „inneren Familie"

Das Kind wird zwar in eine Familie hineingeboren, aber es muß sich das Konzept der Familie erst nach und nach aneignen. Wie bereits Piaget feststellte, ist das Kind dabei sehr aktiv, es gestaltet seine Umwelt mit. Aktiv können wir den Säugling schon deshalb nennen, weil er durch seine Geburt die Familie erst herstellt beziehungsweise erweitert und damit neu konstituiert. Das Kind zwingt das Paar zur Elternschaft. Die Beziehungen zwischen dem Paar werden umgestaltet, so daß der Säugling im Idealfall jenes „Nest" vorfindet, das er für seine biologische und psychologische Reifung benötigt.

Wenn man diesen *aktiven beziehungsstiftenden* Beitrag des Kindes für die Entwicklung der Familie anerkennt, muß man daraus folgern, daß das Kind sich nicht einfach mit den Funktionen und den Prozessen in der Familie identifiziert. Es trägt dazu bei, daß diese Funktionen entwickelt werden. Während der Entwicklung erhält es sehr verschiedenartige

Möglichkeiten, sich mit anderen Familienmitgliedern, ihren Rollen und Aufgaben in der Familie und mit den Beziehungen der Familienmitglieder untereinander zu identifizieren. Auch die Beziehungsformen mit den Geschwistern werden vom Kind aktiv gestaltet. Die Erfahrungen in diesen Beziehungen, die oft aus psychosozialen Kompromißbildungen resultieren, tragen zu Beziehungsmustern bei, mit denen sich das Kind wiederum identifiziert.

Die Rolle der Geschwisterbeziehungen

Die Beziehung zu den Geschwistern besteht länger als jede andere Beziehungsform, sie besteht über die Ablösung von der Familie hinaus, wenngleich sie sich über die Lebensspanne hinweg enorm verändert (Circirelli 1995). Wie mit den elterlichen Bezugspersonen schafft sich das Kind mit dem Geschwister eine Beziehungsform, die ihm möglichst hilft, sich zu individuieren und eine eigene Identität zu entwickeln. Willi (1996) greift auf den Begriff der *Nischenbildung* zurück, um diese aktive Gestaltung der Geschwisterbeziehung zu beschreiben. In der Verhaltensbiologie wird die Nischenspezialisierung als eine Strategie der koexistierenden Konkurrenz beschrieben: In einem gemeinsamen Wirkraum beschränkt sich jeder Organismus auf eine enge Nische. Je schmaler die Nische und je höher die Spezialisierung, desto geringer sind die Überschneidungen mit jenen der Konkurrenten. Breite Nischen führen zu breiten Überlappungen und damit zu intensiver Konkurrenz. Nischenspezialisierung wird so zur häufigsten Grundlage für die Koexistenz von Konkurrenten. Anhaltende, kräfteraubende Rivalenkämpfe können dann vermieden werden. Die Konkurrenten übernehmen unterschiedliche Funktionen und beuten damit die begrenzten Ressourcen unterschiedlich aus. Diese Strategie wird auch häufig von Geschwistern gewählt.

Wie Richter (1969) in „Eltern, Kind, Neurose" beschrieb, finden Kinder in ganz unterschiedlichen Rollen die Aufmerksamkeit der Eltern. Ein Kind gilt als das hellwache, lebendige und quirlige Kind, das andere wird zum ruhigen

Träumer. Willi sieht in der Vermeidung von Nischenüberlappung, also in der Nischenspezialisierung, eines der wichtigsten Motive, warum sich jedes Geschwister gegenüber den anderen möglichst unterscheiden will. Jedes Kind will damit ein möglichst intensives, spezialisiertes beantwortetes Wirken in der Familie erreichen. Jedes findet in seiner Spezialisierung besondere Beachtung und besondere Wertschätzung. Die Eltern fördern intuitiv diese Nischenspezialisierung, zum einen, weil sie darauf bedacht sind, die unterschiedlichen Talente der Kinder zu fördern, zum anderen aber aus dem Bestreben, jedem Kind persönliche Anerkennung zukommen zu lassen und Rivalitäten möglichst zu vermeiden. In der psychoanalytischen Theorienbildung spricht man von der *De-Identifikationstheorie* (Schachter 1982; Schachter u. Stone 1985). Die Abgrenzung von den Identifikationen der Geschwister kann als eine mögliche Ursachenerklärung von Geschwisterunterschieden in Betracht gezogen werden. Das Einnehmen gegensätzlicher Rollen wird als notwendig für die Abgrenzung vom Geschwister und zur Entwicklung einer eigenen Identität angesehen.

Die verhaltensbiologische Grundlage dieses Denkansatzes beruht auf der Annahme, daß die Geschwisterbeziehung auf *Rivalität* beruht. Die Machtkämpfe in der Familie – zwischen den Geschwistern um Beachtung und Aufmerksamkeit der Eltern – sind eine Überlebensstrategie und tragen ganz wesentlich zur Persönlichkeitsbildung bei. Sulloway hat in seinem Buch „Der Rebell der Familie" (1997) diese Hypothese auch empirisch stützen können. Auch er hebt hervor, daß diese Rivalität nicht negativ sein muß. Im Darwinschen Denken ist die Rivalität ein kreatives Phänomen, mit dem die Nachkommen ihre Talente entfalten und perfektionieren. Letztlich dient die Rivalität dazu, die menschliche Gattung voranzubringen.

Willi vertritt die Hypothese, daß Geschwister nicht nur deshalb verschieden sind, weil sie einer unterschiedlichen Umwelt ausgesetzt sind oder dieser unterschiedliche Bedeutung zumessen, sondern weil sie sich die real unterschiedliche Umwelten und Nischen selber schaffen, um sich von den

Geschwistern zu unterscheiden. Die Ähnlichkeit, die sich aufgrund der genetischen Ausstattung entwickeln könnte, insbesondere bei Zwillingen, wird aktiv verhindert im Bestreben nach großer Unterschiedlichkeit. Ich meine jedoch, daß es den Kindern nicht primär darum geht, sich vom Geschwister zu unterscheiden. Das Ziel ist die *Individuation* und der *Erwerb der eigenen Identität.* Das Schaffen der Unterschiede wird zum Mittel, sich selbst zu erfahren und die Selbstwerdung zu fördern, indem das Gegenüber in der Beziehung zum Spiegel wird, in dem man sich selbst erkennen kann. Mit dem entstehenden Spiegelbild kann sich das Kind identifizieren oder auch de-identifizieren. Das Geschwister bietet als Identifikationsobjekt den Vorteil, daß es dem Kind in Stärken und Schwächen ähnlicher und somit weniger bedrohlich ist als die ebenfalls zur Verfügung stehenden Eltern (vgl. Neubauer 1983). Wellendorf (1995) beschreibt Geschwister als „Spiegel" und „eine Art Doppelgänger". In der Geschwisterbeziehung kann Identifizierung und das Wiederauflösen derselben geübt werden, es können verschiedene Haltungen eingenommen und miteinander ausprobiert werden (vgl. Neubauer 1983; Sohni 1994). Die Beziehung zu den Geschwistern wird so – wie die Beziehung zu den Elternfiguren – zu einem *„entwicklungs-konstruktiven Potential"* (Sohni 1994).

Dostojewski beschreibt in seinem Roman „Die Brüder Karamasoff" wie sich ein solches „entwicklungs-konstruktives Potential" in der Geschwisterbeziehung für die psychische Entwicklung eines jungen Erwachsenen auswirken kann:

Aljoscha, der jüngere der Brüder, hatte seinen 24jährigen Bruder Iwan forschend nach dessen Sicht der Menschheit, der Welt und der Existenz von Gott befragt. Dieser erklärte sich ausführlich, um am Ende eines langen Monologs innezuhalten. Dann sagte er plötzlich zu seinem Bruder gewandt:

„... ich habe es mit meiner Beichte beendet, denn nur die allein wolltest du doch hören. Nicht von Gott wolltest du etwas erfahren, sondern hören wolltest du, wovon dein Bruder, den du doch lieb hast, geistig lebt."

Und dann, darüber sinnierend, warum er sich so ausführlich

seinem Bruder erklärt hatte, ohne von diesem gedrängt worden zu sein, sagt er:

„Du, mein Brüderlein, ich wollte dich doch nicht verführen oder dich von deinem festen Stand wegrücken – ich wollte vielleicht nur selbst durch dich gesunden ...“. Und Iwan lächelte plötzlich ganz wie ein kleiner schüchterner Knabe.

Aljoscha war zum Gegenüber geworden, an dem sich Iwan reiben konnte. In der Beziehung zu ihm konnte er sich als der unsichere junge Erwachsene erkennen, der in der Umbruchssituation der russischen Gesellschaft und im eigenen Umbruch seine Identität suchte.

Warum weisen Geschwister Gemeinsamkeiten auf?

Gemeinsamkeiten zwischen den Geschwistern sind unter verhaltensbiologischen und familiendynamischen Gesichtspunkten relevant. Die Tradition der Familie wird fortgesetzt, das Überleben der Familie gesichert. Geschwister unterstützen sich in der Regel mehr, als daß sie sich bekämpfen. Petri (1994) betont die sozial und psychologisch stützenden Kräfte, die sich aus dieser Beziehung freisetzen lassen. Die positiven Erfahrungen verstärken die Entwicklung von Gemeinsamkeiten der Geschwister.

Die Frage, warum die Gemeinsamkeiten zwischen den Geschwistern in Familien bestehen, erscheint zunächst rasch beantwortbar. Schließlich tragen Geschwister, außer den eineiigen Zwillingen, zu 50% den gleichen genetischen Satz in sich. Genotypisch sind Ähnlichkeiten und Gemeinsamkeiten also zu erwarten. Darüber hinaus wachsen die Geschwister in demselben familiären Umfeld auf. Der soziokulturelle und der familiäre Beziehungskontext ist der Gleiche, er ist natürlich nicht derselbe, weil jeder diese Umgebung subjektiv anders erlebt. Es stellt sich die Frage, wie man sich auf der psychischen Ebene die Weitergabe oder die Herausbildung von Gemeinsamkeiten im affektiv-kognitiven Erleben von Geschwistern vorzustellen hat.

Psychisch sind die Transmissionen der Gemeinsamkeiten von einer Generation auf die andere, also von den Eltern zu den Kindern, mit Hilfe zweier Theoreme zu verstehen: mit der *Bindungstheorie* (Bowlby 1969; Ainsworth et al. 1978; Übersicht bei Strauss und Schmidt 1996) und mit der *psychoanalytischen Theorie der Introjektion und Identifizierung.*

Die Bindungstheorie

Für die Erklärung der Transmission von Gemeinsamkeiten sind Studien relevant, die auf Bowlbys (1973) „Attachment-Theorie" basieren und die vorhersagbare Kontinuitäten zwischen dem Anpassungsverhalten von Müttern und dem Bindungsverhalten der Kinder in der nächsten Generation (Grossman et al. 1988; Sroufe u. Fleeson 1985) aufzeigen. Ein sicheres Bindungsverhalten wird zu einem hohen Prozentsatz über Generationen hinweg weitergegeben (Emde 1988 a, b).

Eine Prämisse der bindungstheoretischen Perspektive lautet, daß ein Kind die unterschiedlichen Beziehungserfahrungen, die es mit seinen Bindungspersonen macht, bereits im ersten Lebensjahr tief emotional verankert, wenn keine anderen korrigierenden Erfahrungen gemacht werden. Es verinnerlicht kognitive Strukturen – auch Arbeits- und Organisationsmodelle genannt –, die das zukünftige Beziehungsverhalten des Kindes und den Aufbau eigener Beziehungsstrukturen und -strategien beeinflussen. Das individuelle Verhalten wird also durch mentale Modelle sozialer Beziehungen bestimmt, die vom Individuum konstruiert werden (Fonagy 1998). Diese „inneren Arbeitsmodelle von Bindung" bleiben überwiegend unbewußt und sind stabil gegenüber Veränderungen.

Ein sicheres Bindungsmuster vermitteln erwachsene Bezugspersonen, die sich auf die kindlichen Bedürfnisse einstellen und Kindern auch bei emotionalen Belastungen Geborgenheit und Nähe vermitteln können. In der Regel kann vermutet werden, daß die primäre Bezugsperson mit größerer Wahrscheinlichkeit dem Geschwisterkind ein eher ähnliches als ein divergierendes Bindungsangebot machen kann. Übereinstimmungen in den inneren Arbeitsmodellen von Geschwistern sind anzunehmen, auch wenn weiter unten näher darauf eingegangen wird, wie unterschiedlich die dyadischen Beziehungserfahrungen sein können. Kinder suchen die Bindung auch zu ihren Geschwistern, umso mehr wenn die Bindung zu den Eltern unsicher ist.

Ein Fallbeispiel zur transgenerationalen Bindungsdynamik: Ein Gespräch mit unserer Ambulanz wurde gesucht wegen des aggressiven und gewaltbereiten Verhaltens des 12jährigen Konstantin, das in Verbindung mit seinem Desinteresse am Lernen zu erheblichen Schwierigkeiten in der Schule führt. Zu Hause gibt es ständig Streit, die Rivalität und Konkurrenz zwischen Konstantin und seinen Geschwistern (Schwester 8 Jahre; Bruder 6 Jahre) wird von den Eltern als ein weiteres großes Problem geschildert.

Das Familienleben ist dadurch bestimmt, wie Konstantin sich fühlt. Hat er einen schlechten Tag, ist er also kaum ansprechbar und fühlt sich schnell enttäuscht und frustriert, ist die Familienatmosphäre unerträglich. Seine Wutanfälle sind gefürchtet. Während sein Vater in solchen Situationen versucht, besonders ruhig

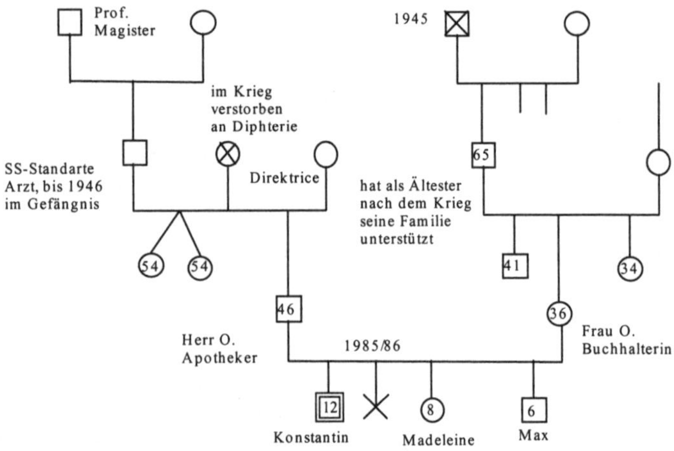

Abbildung 1: Genogramm der Familie O.

und sachlich auf seinen Sohn einzugehen, geraten Konstantin und seine Mutter, die ähnlich aufbrausend ist, schnell aneinander. Frau O. erzählt, daß sie es persönlich kaum ertragen kann, wenn sie Konstantin etwas abschlage und ihn enttäuschen müsse. Während sie bei ihren beiden anderen Kindern irgendwann den Eindruck habe, daß sie verstehen, warum sie zum Beispiel etwas nicht dürften, würde sie diesen Punkt bei Konstantin nie erreichen.

Über Konstantins früheste Kindheit berichtet Frau O., daß sie ihn das ganze erste Lebensjahr fast nur auf dem Arm getragen habe. Sie zitiert ihre eigene, als kühl und distanziert beschriebene Mutter, die dazu einmal ihr gegenüber provokativ bemerkte: „Konstantin wird wohl in seinen ersten 12 Lebensmonaten nie den Boden sehen". Diese „symbiotische" Beziehung veränderte sich dramatisch, als Frau O. eine Fehlgeburt hatte und mehrere Wochen im Krankenhaus verbringen mußte. Die zweite längere Trennung ereignete sich etwa zwei Jahre später, als sie in ihrer dritten Schwangerschaft mehrere Monate im Krankenhaus liegen mußte. Nach der Geburt der Tochter reagierte Konstantin sehr eifersüchtig. Frau O. selbst hat große Schuldgefühle, daß sie in dieser Zeit so wenig für ihren Sohn dasein konnte, und sowohl sie selbst als auch ihr Mann erklären sich Konstantins aggressives Verhalten und seine Geschwisterrivalität mit dieser frühen „plötzlichen Abnabelung".

Für die Symptomatik von Konstantin scheinen uns die frühen Bindungserfahrungen und seine Identifizierungen mit den Eltern von großer Bedeutung. Das unabgegrenzte Beziehungssverhalten seiner Mutter in Verbindung mit dem aus Konstantins Sicht anschließend erfolgten Beziehungsabbruch (als Konstantin mehrere Wochen oder Monate bei seinen Großeltern verbrachte) führten wahrscheinlich zu einem eher unsicheren Bindungsstil. Das fordernd-aggressive Verhalten sehen wir deshalb als einen Versuch, sich der bestehenden Bindung immer wieder zu vergewissern. Die Schuldgefühle der Mutter wegen ihrer Phantasien, ihren Sohn wegen seines klammernden Festhaltens zu distanzieren (was sie sich bis zu diesem Gespräch niemals eingestehen durfte), verstärken wiederum das aggressive Verhalten ihres Sohnes, da sie ihm oft nachgibt und nicht konsequent bleibt.

Aufgrund des unsicheren Bindungsstils von Konstantin erlebte dieser die „Entthronung“ durch seine Geschwister wohl bedrohlicher als viele andere Erstgeborene. Die heftig ausgetragene Geschwisterrivalität erscheint vor diesem Hintergrund insofern verständlich, als sie den verzweifelten Kampf um die Liebe der Mutter und die Sehnsucht nach ihrer körperlichen Nähe widerspiegelt.

Die Identifizierungen

Identifizierungen erfolgen als seelischer Prozeß vor allem auf zwei Wegen: entweder man imitiert das Verhalten einer Person, in der Regel von bewunderten und mächtigeren, einflußreicheren Personen oder man identifiziert sich mit dem komplementären Verhalten, das man in der Beziehung zu diesen einflußreicheren Personen eingenommen hat. Wenn man gegenüber den Eltern in der parentifizierten Rolle war, also die eigenen Eltern „bemutterte“, identifiziert man sich mit dieser altruistischen Grundhaltung. Diese Identifizierung von komplementären Mustern wird in der Beziehungsforschung als „Rekapitulation“ (Benjamin 1993) bezeichnet. In den Beziehungsmustern gegenüber dem Geschwister kann man entweder das Beziehungsmuster zu den Eltern kopieren – also zum Beispiel gegenüber dem Geschwister genauso dominant sein wie der Vater – oder das Verhalten rekapitulieren, wenn man sich gegenüber dem Geschwister genauso unterwirft wie gegenüber dem Vater.

Kinder identifizieren sich mit ihren Eltern in vielerlei Hinsicht. Dies schafft Gemeinsamkeiten zwischen den Geschwistern. Sie identifizieren sich aber auch mit den Geschwistern selbst, was wiederum zu Gemeinsamkeiten führt. Die Identifikation spielt insbesondere in der Beziehung der jüngeren zu älteren Geschwistern eine Rolle. Jüngere neigen dazu, ihre älteren Geschwister zu imitieren, zu bewundern und ihnen nachzueifern.

Jüngere Geschwister suchen häufig Schutz und Trost bei den älteren Geschwistern, sie kopieren damit das Beziehungsverhalten der Eltern-Kind-Interaktion. Ältere Geschwister identifizieren sich eher mit der Aufgabe, die sie den jüngeren gegenüber haben, sie rekapitulieren ihre eigene Position in der Eltern-Kind-Interaktion.

Konflikte zwischen den Geschwistern treten zum Beispiel dann auf, wenn das ältere Kind noch in der „Kindposition" gegenüber den jüngeren Geschwistern verharren will, um sich die Geborgenheit, den Schutz und den Trost der Eltern zu sichern. Dies kann die Geschwisterrivalität sehr verstärken. Im familientherapeutischen Alltag beschäftigt uns die Geschwisterrivalität vor allem dann, wenn sie in Aggressivität, Neid und übermäßige Eifersucht umschlägt und für die Eltern in der Erziehung zum Problem wird. In unserem Fallbeispiel versucht Konstantin, in der Kindposition zu bleiben. Wenn er sich in die Rolle des größeren Geschwisters begibt und sich mit der Elternposition identifiziert, fühlt er sich als Kind an die Seite gedrängt. Konstantins Konflikt besteht darin, daß der in der Kindposition bleiben muß, um sich die Geborgenheits- und Zärtlichkeitsgefühle der Eltern zu bewahren, seine affektiv-kognitive Entwicklung stagniert dann jedoch auf der kindlicheren Position.

Oft sind die Eltern selbst in Streitigkeiten der Geschwister mit verstrickt. Sie tragen, zum Teil unbewußt, durch Koalitionen mit einzelnen Kindern zu Bündnissen in den Familien bei, die einen Machtkampf zwischen den Geschwistern provozieren. Oder sie wiederholen unbewußt ihre eigene kindliche Situation in der Beziehung zum eigenen Kind. Auch Herr O. trägt durch sein Verhalten Konstantin gegenüber zur Aufrechterhaltung des Symptoms bei. In seinem de-identifikatorischen Bemühen, ein besserer Vater zu sein, als es sein eigener Vater für ihn gewesen ist – Konstantins Großvater väterlicherseits war beruflich sehr eingespannt und hat sich überhaupt nicht um Herrn O. gekümmert – fällt es ihm schwer, sich gegenüber seinem Sohn und dessen Anforderungen abzugrenzen. So kann er tagelang mit Konstantin diskutieren, ohne auf den Punkt zu kommen, ohne eine klare Grenze zu ziehen.

Warum sind Geschwister so verschieden?

Winnicott hat sich mit der Unterschiedlichkeit von Geschwistern auseinandergesetzt. „Für die fünf Kinder einer Familie gibt es fünf Familien. Man braucht keinen Psychoanalytiker dazu, um zu begreifen, daß diese fünf Familien einander nicht notwendigerweise ähneln müssen und daß sie ganz sicherlich nicht identisch sind“ (Winnicott 1990, S. 146). Die Verhaltensgenetiker, die sich mit den Unterschieden in Familien in den letzten Jahren besonders intensiv befaßten, entwickelten neue Theorien. Im Mittelpunkt ihrer Untersuchungen steht das „Non-shared Environment“ in Familien. Mit diesem Konzept werden jene individuellen Erfahrungen zusammengefaßt, die spezifisch sind für jedes einzelne Familienmitglied in seiner Familie. Im Gegensatz dazu umfaßt das „Shared Environment“ die Erfahrungen, die von allen Familienmitgliedern geteilt werden, also die in gleicher Weise einwirkende Familienumwelt.

Um in die Untersuchungsstrategien des „Non-shared Environment“ einzuführen, sind einige Leitlinien und erste wissenschaftliche Erkenntnisse aus dem Bereich der Verhaltensgenetik zu referieren, auf deren Hintergrund die Erforschung des „Non-shared Environment“ verständlich wird (vgl. Plomin 1983). Das Forschungsgebiet der Verhaltensgenetik konzentriert sich auf die quantitativen Unterschiede zwischen Individuen, etwa im Bereich der intellektuellen Fähigkeiten, des Temperaments und der Persönlichkeit. Es wird davon ausgegangen, daß diese Variablen, im Gegensatz zu der Störung eines Gens beispielsweise bei der Phenylketonurie, auf mehreren Genen basieren. Die Forschung fokussiert auf die Einflüsse der Umgebung und auf das genetische Material des Individuums und der Wechselwirkung zwischen diesen beiden Faktoren.

Die Methoden basieren auf dem Vergleich von Paaren von Individuen, deren genetische Beziehung bekannt ist (z. B. monozygote Zwillinge). Aus familientheoretischer Sicht ist die Forschung mit identischen Zwillingen deshalb interessant, weil beim Vergleich der Kinder (z. B. zwischen dem schizophrenen und dem gesunden Geschwister) das Alter, die Geburtenreihenfolge sowie die genetischen, ethnischen und sozialen Faktoren identisch sind. Methodisch können dadurch Altersprobleme, Entwicklungsprobleme und Umweltprobleme minimiert werden. In Adoptionsstudien variiert der Umgebungsfaktor. In Zwillingsstudien kann der genetische Faktor zwischen den monozygoten und den dizygoten Zwillingen von 100 % auf 50 % variiert werden. Wenn man zwei Stichproben von solchen Paaren, deren genetische Beziehung bekannt ist, miteinander vergleicht und entweder der Umgebungsfaktor (Zwillingsstudien) oder der Faktor des genetischen Materials (Adoptionsstudien) konstant gehalten wird, sind Aussagen über den Einfluß der Faktoren möglich. Mit Hilfe von einfachen Unterschieden zwischen den Korrelationskoeffizienten können Schätzungen über die genetischen oder Umgebungseinflüsse angestellt werden.

Die nicht-geteilten Umwelteinflüsse werden auch als die E1-Variablen bezeichnet (vgl. z. B. Rowe u. Plomin 1981; s. Tab 1). Dazu zählen neben der elterlichen Ungleichbehandlung (und hier vor allem der *Wahrnehmung* von Ungleichbehandlung) Erfahrungen außerhalb der Familie (Schule, Peergruppe, Ehe etc.) und zufällige Ereignisse, wie Unfälle, Krankheiten und Trennungen, aber zum Beispiel auch nichtvererbte DNS-Veränderungen (Dunn u. Plomin 1996). Ein weiterer wichtiger, nicht-geteilter Umwelteinfluß ist die Geschwisterbeziehung selbst: Geschwister verfügen über verschiedene Persönlichkeiten und machen innerhalb der Geschwisterbeziehung unterschiedliche Erfahrungen. Geschwister erleben ihre Beziehung insbesondere hinsichtlich positiver, freundschaftlicher Aspekte, Macht und Kontrolle unterschiedlich und nehmen dies auch schon sehr früh wahr.

Die Verhaltensgenetik kam zum Ergebnis, daß gemeinsam aufgewachsene Geschwister sich weniger ähnlich sind als erwartet (Hetherington et al. 1994; Dunn u. Plomin 1996). Nicht gemeinsam erfahrene Umgebungsfaktoren führen dazu, daß sich die Kinder in einer Familie fast genauso stark voneinander unterscheiden wie Kinder aus verschiedenen Familien (Plomin u. Daniels 1987). Für kognitive Varia-

Tabelle 1: E1- oder „Non-shared Evironment"-Variablen
(nach Rowe u. Plomin 1981)

Faktoren	zufällige Faktoren	Geschwisterinteraktionen	Familienstruktur	Erziehungsstil der Eltern	außerfamiliäre Beziehungen
	unterschiedl. Gifte, Teratogene Somatische Krankheiten Pränatale u. postnatale Traumata Trennungen	Geburtenfolge Verhaltensweisen gegenüber dem Geschwister De-Identifikation	unterschiedl. Geschwikonstellationen	unterschiedl. Verhalten gegenüber den Kindern Interaktionen zwischen den Persönlichkeiten von Eltern und Kind	Freunde, Peergruppe unterschiedl. Verwandte, Lehrer, kulturelle Gruppen

blen beträgt die Korrelation nur circa .40, für Persönlichkeitsmasse circa .20 und für Psychopathologie gar nur .10. Dunn und Plomin (1996) vermuten weiterhin einen mit dem Alter zunehmenden Einfluß der nicht-geteilten Umwelt, während der genetische Einfluß abnimmt.

Es gibt aber auch wichtige Kritikpunkte an diesen verhaltensgenetischen Theorien. Zum Beispiel sind Zwillingsstudien nur begrenzt verallgemeinerbar (vgl. Hoffmann 1991), in Adoptionsstudien könnte es sein, daß Eltern adoptierte Kinder anders behandeln als leibliche (vgl. Plomin u. Daniels 1987).

Diskussion

Das Konzept des „Non-shared Environment" ist nicht nur für die Familienforschung (Joraschky u. Cierpka 1990) sondern auch für die Geschwisterforschung interessant. Die Anerkennung der Tatsache, daß das „System Familie" von den einzelnen sehr verschieden erlebt wird und ganz unterschiedliche Erfahrungen in der Familie gemacht werden können, kann zu Erklärungen führen, warum ein Familienmitglied eine Symptomatik entwickelt und das Geschwisterkind nicht. Die familientherapeutische Praxis zeigt auch, daß Kinder und Jugendliche bei einer ähnlichen oder sogar der gleichen Familienkonstellation ganz andere Krankheitsbilder entwickeln können oder sogar klinisch unauffällig bleiben. Kinder reagieren auf familiäre Belastungen, wie zum Beispiel auf die Scheidung der Eltern oder auf den Tod eines Elternteils, ganz verschieden. Während ein Geschwister mit der Scheidung der Eltern ganz gut zurecht kommt, leidet das andere um so mehr.

Nicht nur das verschiedene Alter, das Geschlecht oder die Reihenfolge in der Geschwisterkonstellation, sondern vor allem die spezifischen Erfahrungen spielen offensichtlich eine entscheidende Rolle. Darüber hinaus ist die subjektive Bedeutung des Ereignisses wesentlich. Dies führt zur Anerkennung der individuellen, inneren Verarbeitung von familiären Problemen im Zusammenhang mit der unterschiedlichen genetischen Ausstattung und dem Temperament des Kindes. Maßgebende Erfahrungen in der Familie werden oftmals nicht von allen Familienmitgliedern geteilt.

Die Ergebnisse der verhaltensgenetischen Forschung untermauern die systemtheoretische Betrachtungsweise der Familie. Das familiäre Beziehungsnetz besteht aus sehr unterschiedlichen Beziehungen, die im Gleichgewicht gehalten werden müssen. Das Konzept verweist aber auch auf die Tatsache, daß das Kind nicht nur den Einflüssen der Eltern und der Familie ausgesetzt ist, sondern auch jenen der Geschwister, der Peergruppe, der Lehrer, der Nachbarn und so weiter. Die außerfamiliären Erfahrungen scheinen in weit größerem Maß die seelische Entwicklung der Kinder zu beeinflussen als bisher angenommen.

In den Untersuchungen des „Non-shared Environment" wird der Entwicklungscharakter der Beziehungen betont. Diese Ergebnisse entsprechen den Befunden aus der Mutter-Kind-Interaktionsforschung. Auf dem Hintergrund der psychoanalytischen Theorie haben unter anderem Emde (1988 a, b) und Stern (1985) gezeigt, daß die spezifischen Erfahrungen in der Säuglings-Versorger-Beziehung für die psychische Entwicklung des Individuums maßgebend ist. Der heutige Ansatz zur Erforschung der frühen Entwicklung des Kindes ist transaktionaler Natur. Im Mittelpunkt steht der Austausch, die reziproke Beziehung zwischen dem Kind und der Umwelt. Individualität wird verstanden als „matches" zwischen dem Kind und der Umwelt, und Kontinuität wird aufgefaßt als „consistency" des Produkts der Organismus-Umgebung-Interaktion (Emde 1988a). Das Forschungsergebnis, daß die Erfahrungspezifität in der Säuglings-Versorger-Beziehung die Entwicklung bestimmt und nicht die von allen Familienmitgliedern gemeinsam erlebte Familienumgebung, sollte dazu führen, daß wir wesentlich mehr die sich entwikkelnden Interaktionszirkel in den dyadischen Beziehungen in Familien untersuchen.

Zusammenfassend kann festgestellt werden, daß der Stellenwert der gemeinsamen familiären Umwelt als einheitlicher, für alle Kinder gleichartiger Einfluß überschätzt wurde. Wäre der elterliche Einfluß für alle Kinder gleich und für ihre Persönlichkeitsentwicklung entscheidend, ließen sich die festgestellten Unterschiede zwischen den Kindern nicht erklären. Es wurde also offenbar zu wenig beachtet, daß Eltern an die Kinder individuelle Erwartungen haben und unterschiedliche Einflüsse auf sie ausüben. Hier wird die mehrgenerationale Dynamik in Familien wirksam (vgl. Reich et al. 1996), die durch die tradierten unbewußten Konflikte, Delegationen und Aufträge an einzelne Kinder zur nichtgeteilten spezifischen Interaktion führt. Mütter oder Väter haben eben an bestimmte Kinder aufgrund ihrer eigenen Herkunft und ihren eigenen ungelösten Konflikten unbewußte Erwartungen, die sie in die Beziehung mit einem bestimmten Kind einbringen und in dieser Beziehung auch realisiert sehen wollen.

Literatur

Ainsworth, M.; Blehar, M.; Waters, E.; Wall, S. (1978): Patterns of attachment. A psychological study of the strange situation. Hillsdale/NJ.

Benjamin, L. S. (1993): Interpersonal diagnosis and treatment of personality disorders. New York.

Bowlby, J. (1969): Attachment and loss. Vol. 1: Attachment. New York.

Bronfenbrenner, U. (1981): Die Ökologie der menschlichen Entwicklung. Stuttgart.

Circirelli, V. G. (1995): Sibling relationships across the life span. New York.

Cierpka, M. (1990): Zur Diagnostik von Familien mit einem schizophrenen Jugendlichen. Heidelberg.

Cierpka, M. (1992). Zur Entwicklung des Familiengefühls. Forum der Psychoanalyse 8: 32–46.

Cierpka, M. (Hg.) (1996): Handbuch der Familiendiagnostik. Berlin/Heidelberg/New York.

Dostojewski, F. M. (1925): Die Brüder Karamasoff. München.

Dunn, J.; Plomin, R. (1996): Warum Geschwister so verschieden sind. Stuttgart.

Emde, R. N. (1988a): Development terminable and interminable. I. Innate and motivational factors from infancy. Int. J. Psycho-Anal. 69: 23–42.

Emde, R. N. (1988b): Development terminable and interminable 2. Recent psychoanalytic theory and therapeutic considerations. Int. J. Psycho-Anal. 69: 283–296.

Fonagy, P. (1998): Frühe Bindung und die Bereitschaft zu Gewaltverbrechen. In: Streeck-Fischer, A. (Hg.), Adoleszenz und Trauma. Göttingen.

Grossmann, K. E.; August, P.; Fremmer-Bombik, E.; Friedl, A.; Grossmann, K.; Scheuerer-Englisch, H.; Spangler, G.; Stephan, C.; Suess, G. (1989): Die Bindungstheorie: Modell und entwicklungsphysiologische Forschung. In: Keller, H. (Hg.), Handbuch der Kleinkindforschung. Berlin, S. 31–55.

Hetherington, E.; Reiss, D.; Plomin, R. (1994): Seperate social worlds of siblings. The impact of nonshared environment on development. Hillsdale.

Hoffmann, L. W. (1991): The influence of the family environment on personality. Accounting for sibling differences. Psychol. Bull. 58: 461–470.

Joraschky, P.; Cierpka, M. (1990): Von der geteilten zur nichtgeteilten Konstruktion der Realität. Familiendynamik 15: 43–61.

Kasten, H. (1993): Die Geschwisterbeziehung. Göttingen/Bern/Toronto/Seattle, Bd. 1.

Kreppner, K.; Lerner, R. (1989): Family system and life-span development. Hillsdale.

Neubauer, P. B. (1983): The importance of the sibling experience. Psychoanal. Study Child 38: 325–336.

Petri, H. (1994): Geschwister – Liebe und Rivalität. Zürich.

Plomin, R. (1983) Developmental Behavioral Genetics. Child Development 54: 253 – 259.

Plomin, R., Daniels, D. (1987): Why are children in the same family so different from one another? Behav. Brain Science 10: 1–60.

Reich, G.; Massing, A.; Cierpka, M. (1990): Die Mehrgenerationenperspektive und das Genogramm. In: Cierpka, M. (Hg.), Handbuch der Familiendiagnostik. Berlin/Heidelberg/New York, S. 223–258.

Richter, H. (1969): Eltern, Kind und Neurose. Reinbek.

Rowe, D. C.; Plomin, R. (1981): The importance of nonshared (E1) environmental influences in behavioral development. Dev. Psychol. 17: 517–531.

Schachter, F. F. (1982): Sibling deidentification and split-parent identification: A Family tetrad. In: Lamb, M. E.; Sutton-Smith, B. (Hg.), Sibling relationships: Their nature and significance across the life span. Hillsdale, S. 123–151.

Schachter, F. F.; Stone, R. K. (1985): Difficult sibling, easy sibling: Temperament and the with-in family environment. Child Dev. 56: 1335–1344.

Schmidt, S.; Strauß, B. (1996): Die Bindungstheorie und ihre Relevanz für die Psychotherapie. Psychotherapeut 41:139–150.

Sohni, H. (1994): Geschwisterbeziehungen. Die Einführung der horizontalen Beziehungsdynamik in ein psychoanalytisches Konzept „Familie". Prax. Kinderpsychol. Kinderpsychiat. 43: 284–295.

Sroufe, L. A.; Fleeson, J. (1986): Attachment and the construction of relationships. In: Hartup, W.; Rubin, Z. (Hg.), Relationships and development. Hillsdale, S. 51–71.

Stern, D. (1985): The interpersonal world of the infant. New York.

Sulloway F. J. (1997): Der Rebell der Familie. Berlin.
Wellendorf, F. (1995): Zur Psychoanalyse der Geschwisterbeziehung. Forum Psychoanal. 1: 295–310.
Willi, J. (1985): Koevolution. Die Kunst gemeinsamen Wachsens. Hamburg.
Willi, J. (1996): Ökologische Psychotherapie. Göttingen.
Winnicott, D. W. (1990): Der Anfang ist unsere Heimat: Essays zur gesellschaftlichen Entwicklung des Individuums. Stuttgart.

Hans Sohni

Die Bedeutung der Geschwisterbeziehung für die psychosexuelle Entwicklung

Geschwistermärchen als Modell

Summary: The Significance of the Sibling Relationship for the Psychosexual Development – Sibling Fairy Tales as Models

While sibling relationships have been taken into consideration only marginally for the development of sexual identity, this article is based on a common psychosexual development of siblings. Fairly tales dealing with siblings provide a scenic model which is worked out with the images of the fairy tale „The white and the black bride". The interlocking vertical and horizontal relationship experiences result in a relationship split between two sisters and a symbiotic brother-sister relationship. The danger of incestual regression, the bridge function of siblings from internal family to external family partners, and the independent detachment from siblings are shown. The integration of previous common psychosexual relationship experiences into the individual development and into newly developing partner relationships are important for relationships to mature, and are compared with the development endangering relationship split. The model emerging from this can be pathbreaking for a theory of sexual identity.

Mit dem Eingehen auf Märchen nutze ich eine unerschöpfliche Quelle von Bildern zur Geschwisterlichkeit. Psychoanalytische Märcheninterpreten verstehen Geschwisterszenen häufig als Darstellung intrapsychischer Vorgänge. So meint Bettelheim (1977) zu Märchen mit drei Geschwistern: „Im Denken des Kindes bedeutet ‚zwei' gewöhnlich die beiden Eltern und ‚drei' das Kind selbst in Beziehung zu seinen Eltern, aber nicht zu seinen Geschwistern." Auch nach dem Ansatz von C. G. Jung werden Familienszenen in Märchen meist als intrapsychische Prozesse einer Person aufgefaßt („subjektstufige Deutung"). Verena Kast verbindet dagegen die intrapsychische mit einer interpersonalen Sicht und beschreibt Geschwistermärchen als „Beziehungsgeschichten" zwischen Geschwistern (Kast 1993).

Mich faszinieren Geschwistermärchen auf folgendem Hintergrund: Die *Geschlechtsidentität* ist eines der umstrittensten Konzepte der zeitgenössischen Gesellschaftstheorie (Benjamin 1995). Die *Entwicklungstheorie* zeigt an dieser Stelle ein Vakuum: Moderne Konzepte wie das von Daniel N. Stern (1992) vertreten zwar als basale These, Entwicklung vollziehe sich in wechselseitigen Beziehungen, bleiben aber weitgehend geschlechtsneutral. In psychoanalytischen Konzepten zur Entstehung der Geschlechtsidentität fehlen Geschwisterbeziehungen so gut wie vollständig (Metzner 1984; Mertens 1992). Am anderen Ende der Skala steht dagegen unvermittelt der Geschwisterinzest als klinisch-pathologisches Phänomen. Da müssen wir etwas aus den Augen verloren haben – Beziehungsgeschichten, die uns die Geschwistermärchen lebensvoll erzählen.

Ich gehe von einer *gemeinsamen geschwisterlichen psychosexuellen Entwicklung* aus (Schacht 1982; Kast 1993; Petri 1994; Sohni 1994; Ley 1995; Lehmkuhl u. Lehmkuhl 1995). Ein szenisches Modell dazu liegt in den Geschwistermärchen bereit, und dieses Modell möchte ich an folgendem Märchen herausarbeiten.

*„Die weiße und die schwarze Braut“**

Eine Frau ging mit ihrer Tochter und Stieftochter über Feld, Futter zu schneiden. Da kam der liebe Gott als ein armer Mann zu ihnen und fragte: „Wo führt der Weg ins Dorf?“ „Wenn Ihr ihn wissen wollt“, sprach die Mutter, „so sucht ihn selber“, und die Tochter setzte hinzu: „Habt Ihr Sorge, daß Ihr ihn nicht findet, so nehmt Euch einen Wegweiser mit.“ Die Stieftochter aber sprach: „Armer Mann, ich will dich führen, komm mit mir.“ Da zürnte der liebe Gott über die Mutter und Tochter und verwünschte sie, daß sie sollten schwarz werden wie die Nacht und häßlich wie die Sünde. Er ging mit der Stieftochter, und als sie nahe am Dorf waren, sprach er einen Segen über sie und sagte: „Wähle dir drei Sachen aus, die will ich dir gewähren.“ Da sprach das Mädchen: „Ich möchte gern so schön und rein werden wie die Sonne.“ Alsbald war sie weiß und schön wie der Tag. (...) Als die Stiefmutter mit ihrer Tochter nach Hause kam und sah, daß sie beide kohlschwarz und häßlich waren, die Stieftochter aber weiß und schön, so hatte sie nichts anders im Sinn, als wie sie ihr ein Leid antun könnte.

Die Stieftochter aber hatte einen Bruder namens Reginer, den liebte sie sehr und erzählte ihm alles, was geschehen war. Nun sprach Reginer einmal zu ihr: „Liebe Schwester, ich will dich abmalen, damit ich dich beständig vor Augen sehe; denn meine Liebe zu dir ist so groß, daß ich dich immer anblicken möchte.“ Da antwortete sie: „Aber ich bitte dich, laß niemand das Bild sehen.“ Er

* Kinder- und Hausmärchen, gesammelt durch die Brüder Grimm. Nr. 125. Ausgabe 1922, Marburg, Bd. 3, S. 21–27(geringfügig gekürzt).

malte nun seine Schwester ab und hing das Bild in seiner Stube auf; er wohnte aber in des Königs Schloß, weil er bei ihm Kutscher war. Alle Tage ging er davor stehen und dankte Gott für das Glück seiner lieben Schwester. Nun war aber gerade dem König seine Gemahlin verstorben. Die Hofdiener bemerkten aber, daß der Kutscher täglich vor dem schönen Bilde stand, und meldeten es dem König. Da ließ dieser das Bild vor sich bringen, und als er sah, daß es in allem seiner verstorbenen Frau glich, nur noch schöner war, so verliebte er sich hinein. Er ließ den Kutscher vor sich kommen und fragte, wen das Bild vorstellte. Der Kutscher sagte, es sei seine Schwester; so entschloß sich der König, keine andere als diese zur Gemahlin zu nehmen, gab ihm Wagen und Pferde und prächtige Goldkleider und schickte ihn fort, seine erwählte Braut abzuholen. Wie Reginer mit der Botschaft ankam, freute sich seine Schwester, allein die Schwarze war eifersüchtig auf das Glück, ärgerte sich und sprach zu ihrer Mutter: „Was helfen nun all Eure Künste, da Ihr mir ein solches Glück nicht verschaffen könnt." „Sei still", sagte die Alte, „ich will dir's schon zuwenden." Und durch ihre Hexenkünste trübte sie dem Kutscher die Augen, daß er halb blind war, und der Weißen verstopfte sie die Ohren, daß sie halb taub war. Darauf stiegen sie in den Wagen, erst die Braut in den herrlichen königlichen Kleidern, dann die Stiefmutter mit ihrer Tochter, und Reginer saß auf dem Bock, um zu fahren. Wie sie eine Weile unterwegs waren, rief der Kutscher: „Deck dich zu, mein Schwesterlein, daß Regen dich nicht näßt, daß Wind dich nicht bestäubt, daß du fein schön zum König kommst."

Die Braut fragte: „Was sagt mein lieber Bruder?" „Ach", sprach die Alte, „er hat gesagt, du solltest dein gülden Kleid ausziehen und es deiner Schwester geben." Da zog sie's aus und tat's der Schwarzen an, die gab ihr dafür einen schlechten grauen Kittel. So fuhren sie weiter: über ein Weilchen rief der Bruder abermals: „Deck dich zu, mein Schwesterlein, daß Regen dich nicht näßt, daß Wind dich nicht bestäubt, daß du fein schön zum König kommst."

Die Braut fragte: „Was sagt mein lieber Bruder?" „Ach", sprach die Alte, „er hat gesagt, du solltest deine güldene Haube abtun und deiner Schwester geben." Da tat sie die Haube ab und tat sie der Schwarzen auf und saß im bloßen Haar. So fuhren sie weiter: wiederum über ein Weilchen rief der Bruder: „Deck dich zu, mein Schwesterlein, daß Regen dich nicht näßt, daß Wind dich nicht bestäubt, daß du fein schön zum König kommst."

Die Braut fragte: „Was sagt mein lieber Bruder?“ „Ach“, sprach die Alte, „er hat gesagt, du möchtest einmal aus dem Wagen sehen.“ Sie fuhren aber gerade auf einer Brücke über ein tiefes Wasser. Wie nun die Braut aufstand und aus dem Wagen sich herausbückte, da stießen sie die beiden hinaus, daß sie mitten ins Wasser stürzte. Als sie versunken war, in demselben Augenblick stieg

eine schneeweiße Ente aus dem Wasserspiegel hervor und schwamm den Fluß hinab. Der Bruder hatte gar nichts davon gemerkt und fuhr den Wagen weiter, bis sie an den Hof kamen. Da brachte er dem König die Schwarze als seine Schwester und meinte, sie wär's wirklich, weil es ihm trübe vor Augen war und er doch die Goldkleider schimmern sah. Der König, wie er die grundlose Häßlichkeit an seiner vermeintlichen Braut erblickte, ward sehr böse und befahl, den Kutscher in eine Grube zu werden, die voll Ottern und Schlangengezücht war. Die alte Hexe aber wußte den König doch so zu bestricken, daß sie ihm ganz leidlich vorkam, und er sich wirklich mit ihr verheiratete.

Einmal abends, während die schwarze Braut dem König auf dem Schoße saß, kam eine weiße Ente zum Gossenstein in die Küche geschwommen und sagte zum Küchenjungen: „Jüngelchen, mach Feuer an, daß ich meine Federn wärmen kann." Das tat der

Küchenjunge und machte ihr ein Feuer auf dem Herd: da kam die Ente und setzte sich daneben, schüttelte sich und strich sich die Federn zurecht. Während sie so saß und sich wohltat, fragte sie: „Was macht mein Bruder Reginer?" Der Küchenjunge antwortete: „Liegt in der Grube gefangen, bei Ottern und bei Schlangen." Fragte sie weiter: „Was macht die schwarze Hexe im Haus?" Der Küchenjunge antwortete: „Die sitzt warm in's Königs Arm." Sagte die Ente: „Daß Gott erbarm!" und schwamm den Gossenstein hinaus.

Den folgenden Abend kam sie wieder und tat dieselben Fragen und den dritten Abend noch einmal. Da konnte es der Küchenjunge nicht länger übers Herz bringen, ging zum König und entdeckte ihm alles. Der König aber wollte es selbst sehen, ging den andern Abend hin, und wie die Ente den Kopf durch den Gossenstein hereinstreckte, nahm er sein Schwert und hieb ihr den Hals durch, da war sie auf einmal zum schönsten Mädchen und glich genau dem Bild, das der Bruder von ihr gemacht hatte. Und weil sie ganz naß dastand, ließ er köstliche Kleider bringen. Dann erzählte sie ihm wie sie wäre betrogen und zuletzt in den Fluß hinabgeworfen worden; und ihre erste Bitte war, daß ihr Bruder aus der Schlangenhöhle herausgeholt würde. Und als der König diese Bitte erfüllt hatte, ging er in die Kammer, wo die alte Hexe saß, und fragte: „Was verdient die, welche das und das tut?" und erzählte, was geschehen war. Da war sie so verblendet, daß sie nichts merkte und sprach: „Die verdient, daß man sie nackt auszieht und in ein Faß mit Nägeln legt und daß man vor das Faß ein Pferd spannt und das Pferd in alle Welt schickt." Das geschah alles an ihr und ihrer schwarzen Tochter. Der König aber heiratete die weiße und schöne Braut und belohnte den treuen Bruder, indem er ihn zu einem reichen und angesehenen Mann machte.

Die geschwisterliche psychosexuelle Entwicklung – in den Bildern des Märchens

Intergenerationale „Exposition"

Ich nähere mich diesem Märchen als einer Familiengeschichte. Die „Helden" treten ein intergenerationales Erbe an, das ihre Entwicklung ebenso bedroht wie schöpferisch herausfordert. Im *ersten Bild* wird uns die Familie vorgestellt. Sie besteht aus einer Frau, deren Tochter und einer Stieftochter – oder andersherum: einem Mädchen, dessen Stiefschwester und seiner Stiefmutter. Eine unvollständige Fortsetzungsfamilie also. Das Mädchen hat – wie auch immer – seine Mutter verloren, ebenso seinen Vater. Die männliche Abwesenheit trifft alle: auch die Stiefschwester hat keinen Vater, die Frau hat keinen Mann.

Im *zweiten Bild* tritt ein Mann auf: der liebe Gott als armer Mann. In der kurzen Szene wird deutlich, welche Konflikte sich mit der Abwesenheit des Mannes und Vaters verbinden. Mutter und Tochter schließen den Mann/Vater aus, sie entwerten das Männliche. Anstelle einer Partnerschaft zieht die Mutter offensichtlich ihre Tochter in eine Ersatzpartnerschaft und hält sie darin gefangen. Die Mutter zieht der Stieftochter die eigene Tochter vor, diese identifiziert sich mit der Mutter. Für die geschwisterliche Beziehung zwischen den beiden Mädchen bedeutet dies eine Entzweiung. Die Stieftochter nimmt sich des armen Mannes an und will ihn führen. Sie scheint nicht überrascht, als dieser ihr drei Wünsche erfüllen will. Ihr erster Wunsch „ich möchte so schön und rein werden wie die Sonne" geht sogleich in Erfüllung. Die glanzvolle Tochter eines göttlichen Vaters – dieses Bild läßt sich als töchterliche Größenphantasie verstehen.

Das intergenerationale Erbe wird hier vom Vater her aufgerollt. Das eine Mädchen entwertet den fehlenden Vater und verstrickt sich dabei in ein Bündnis mit der Mutter. Das Märchen nennt es den väterlichen Fluch, daß Mutter und Tochter schwarz werden wie die Nacht und häßlich wie die Sünde. Das andere Mädchen entwickelt eine idealisierte Vorstellung über den Vater und seine exklusive Beziehung zu ihm – eine Vorstellung, die uns auch im antiken Mythos von der Geburt der Pallas Athene aus dem göttlichen Haupt ihres Vaters Zeus begegnet (Berger 1991). Auch das Motiv der Vater-Tochter-Gefährtenschaft klingt im Bild unseres Märchens an, wie es sich etwa in der Ödipus-Tragödie des Sophokles findet. Dort erbarmt sich die Tochter Antigone des unglücklichen Vaters, begleitet und stützt ihn, um den Preis ihrer eigenen weiblichen und autonomen Lebensmöglichkeiten. Die weibliche Entwicklung ist bei der weißen wie bei der schwarzen Tochter blockiert, weil keine Auseinandersetzung mit einem lebendigen Vater stattfindet.

Das nächste Bild des Märchens handelt von der Eifersucht der häßlichen Stiefmutter und ihrer Tochter auf das schöne weiße Mädchen. So konstelliert sich – familiendynamisch gesehen – die Spaltung der Weiblichkeit in einer polarisierten schwesterlichen Beziehung: Die schwarze Schwester ist mit der dunklen Seite der Weiblichkeit und mit einer Entwertung des Männlichen identifiziert und dabei gefangen in einer Ersatzpartnerschaft mit ihrer schwarzen Mutter. Die weiße Schwester ist mit der hellen Seite der Weiblichkeit identifiziert und an fehlende, idealisierte Eltern gebunden. Beide Schwestern sind in einer Tochterschaft gefangen, beider Entwicklung zur erwachsenen Frau hin ist blockiert. – Was nun?

Horizontale „Durchführung"

Gespaltene Schwesternbeziehung, symbiotische Bruder-Schwester-Beziehung

Dramaturgisch wirkungsvoll wird an dieser Stelle erst der Bruder Reginer eingeführt, und zwar als Bruder des schönen Mädchens – mit der schwarzen Schwester hat er nichts zu tun. Seine Geschwisterbeziehung mit der dunklen Schwester ist gespalten, dagegen ist seine Geschwisterbeziehung mit der hellen Schwester sehr innig – die beiden lieben sich gegenseitig sehr.

Mit der Einführung des Bruders setzt die Märchenkomposition eine Zäsur und ein Zeichen. Hier beginnt die Durchführung zum Thema „Wie entsteht psychosexuelle Identität?". Der Schauplatz wechselt vom vertikalen zum horizontalen Beziehungsfeld: Auf der Geschwisterebene wird probiert, erkämpft und neu gestaltet werden, was bisher als vertikal überkommenes Familienerbe dasteht. Das Zeichen könnte heißen: Der Weg aus der Entwicklungsblockade führt über die Geschwisterbeziehung – der Weg von der Elternliebe zur Partnerliebe führt über die Geschwisterliebe. Die psychosexuelle Reifung von Bindung, Abhängigkeit und Fixierung zu eigenständiger Beziehungsfähigkeit vollzieht sich auf geschwisterlichem Feld.

Unser Märchen hält dabei noch mehr bereit. Holzschnittartig stellt es zwei typische Geschwistermuster mit ihrem Konfliktpotential vor uns hin. Das eine Muster ist die *gespaltene Schwesternbeziehung*. Hier geht es um die Entwicklungsaufgabe einer beiderseitigen Integration der hellen und der dunklen Seite der Weiblichkeit, in einem Aufeinander-Zugehen, das noch eine Abgrenzung ermöglicht. Das andere Muster ist die *symbiotisch enge Bruder-Schwester-Beziehung.* Hier stellt sich die Entwicklungsaufgabe, aus der gegengeschlechtlichen Intimität heraus eine psychosexuelle Individuation zu vollziehen, ohne in einer Spaltung zu landen. Wie weit werden diese Entwicklungskonflikte gelöst?

Das geschwisterlich-psychosexuelle Übungsfeld

Reginer und seine Schwester sind einander sehr nahe. „Liebe Schwester, ich will dich abmalen, damit ich dich beständig vor Augen sehe; denn meine Liebe zu dir ist so groß, daß ich dich immer anblicken möchte." Da antwortete sie: „Aber ich bitte dich, laß niemand das Bild sehen." Darauf malt er seine Schwester, hängt das Bild in seiner Stube auf und steht jeden Tag davor. So gehen die beiden sehr intim miteinander um. Lustvoll und verliebt, heimlich und exklusiv ist ihr Umgang – und auch erotisch! Was für ein Bild mag Reginer vor sich haben? Er wird wohl mit dem gleichen idealisierten Bild der Weiblichkeit identifiziert sein wie seine Schwester. Hier treffen sich die Linien. Auch Reginer hat ja Vater und Mutter verloren, auch er idealisiert auf diesem Weg das Bild der Frau, und er projiziert dieses idealisierte Bild auf seine Schwester.

Dieser geschwisterliche Beziehungsraum ist ein potentieller Entwicklungsraum, ein Schutzraum. Die beiden haben es gut miteinander, sie sind ein Paar, die gemeinsame Idealisierung kann sie vor zu großer Nähe schützen. Aus der exklusiven Zweierbeziehung kann aber ein Entwicklungsstillstand werden, eine Fixierung aneinander, eine soziale Isolation, eine inzestuöse Regression.

Diese geschwisterliche Fixierung, bei der Bruder und Schwester aneinander gebunden bleiben und sich schwer tun mit dem Entwicklungsschritt zu außerfamiliären Sexualpartnern, wurde von Bank und Kahn *„Hänsel-und-Gretel-Phänomen"* genannt (Bank u. Kahn 1989). Nach der Studie dieser

Autoren entwickelt es sich ausschließlich bei defizitärer Eltern-Kind-Beziehung. Die Benennung des Phänomens nach „Hänsel und Gretel" erscheint insofern nicht ganz treffend, als Hänsel und Gretel im Märchen beide eine individuelle psychosexuelle Selbständigkeit erreichen. Sodann wird im „Hänsel-und-Gretel-Phänomen" als klinischem Syndrom die enge geschwisterliche Bindung eher mechanistisch als Kompensation eines Defizits verstanden. Mir scheint, es kommt statt dessen auf ein psychodynamisches Element an – und damit bin ich zugleich wieder bei unserem Märchen: Wenn es kein Elternpaar mit einer eigenen psychosexuellen Paarbeziehung gibt, dann fehlt dem Geschwisterpaar ein intergenerationales Modell für die Paarbeziehung. Die Generationsgrenze kann sich nicht über einen erfahrbaren Unterschied entwickeln: So sind die Eltern als Paar, so sind wir Geschwister als Paar. Diese strukturelle Desorientierung kann dann zu real inzestuösem Umgang der Geschwister führen. Untersuchungen zum Geschwisterinzest weisen einen entsprechenden Befund auf: In den betreffenden Familien fehlen psychosexuell intakte Elternpaare (Didzus 1993).

Was sollen wir nun von der intimen Beziehung zwischen Reginer und seiner schönen Schwester halten? Ist die Geschwisterbeziehung inzestuös, wenn keine Eltern da sind? Ist sie asexuell, wenn Eltern da sind? Ist sie ein narzißtischer Ersatz für eine nicht lebbare ödipale Liebe? Ich verstehe es so: Die Geschwisterbeziehung ist immer auch eine psychosexuelle. Die psychosexuelle Entwicklung führt aus einem vertikalen in ein horizontales Beziehungsfeld. Sind „gute" Eltern vorhanden, dann kann das Mann-und-Frau-Spielen eben Spiel bleiben – als Spiel ist es aber essentiell zur Entwicklung. Fehlen die Eltern, dann ist die Suche nach einer Paarbeziehung erschwert, dann wird das Spiel ernster. Die Märchen zeigen immer beides: die kreative Suche nach einer Paarbeziehung ohne Eltern-Vorbild *und* die geschwisterliche Erkundung und Übung, wie sie im Leben jeder Familie ablaufen.

In unserem Märchen geht es in der entsprechenden Szene um die Intimität zwischen Bruder und Schwester im Abmalen und Umgehen mit dem Bild des Mädchens. Diese Szene ist eher kurz und anmutig – in anderen Geschwistermärchen wird dieses Stadium breiter und variantenreich dargestellt.

Brüderchen und Schwesterchen machen sich gemeinsam auf und übernachten zusammen in einem hohlen Baum. Am nächsten Morgen hat Brüderchen Durst und will trinken. Zweimal kann Schwesterchen Brüderchen am Trinken hindern. Schwesterchen sieht voraus, daß Brüderchen sonst ein Tiger oder ein Wolf würde und es zerrisse. Beim dritten Brünnlein ist Brüderchens Durst gar zu groß, es trinkt und wird ein Reh.

So wird es für beide möglich, zusammen in einem Häuschen zu leben ohne sich zu nahezukommen – nachts legt Schwesterchen seinen Kopf auf den Rücken des Rehes, das ist sein Kissen. Mehrdeutig heißt es: „Und hätte das Brüderchen nur seine menschliche Gestalt gehabt, es wäre ein herrliches Leben gewesen."

Im Märchen *Die sieben Raben* macht sich die Schwester auf, um seine Brüder zu finden, die durch väterliche Verwünschung als sieben Raben davongeflogen sind. Es findet den Glasberg und kommt mit den Brüdern in Kontakt: „Von jedem Tellerchen aß das Schwesterchen ein Bröckchen, und aus jedem Becherchen trank es ein Schlückchen." Und die

Raben spüren die Nähe der Schwester: „Wer hat von meinem Tellerchen gegessen? Wer hat aus meinem Becherchen getrunken? Das ist eines Menschen Mund gewesen ... – Gott gebe, unser Schwesterlein wäre da, so wären wir erlöst."

Auch im Märchen *Die zwölf Brüder* macht sich die Schwester auf, ihre Brüder zu suchen. Sie findet sie in ihrem Waldhäuschen, sie herzen und küssen sich und leben „in großer Einigkeit" zusammen. Einmal will das Mädchen seinen Brüdern ein Vergnügen machen, sie bricht die zwölf Lilienblumen im Garten und will sie ihnen schenken. Im selben Augenblick werden die zwölf Brüder in Raben verwandelt und fliegen davon, Haus und Garten sind verschwunden. Eine alte Frau steht da und sagt: „Mein Kind, was hast du angefangen?"

Die Schwester ist den Brüdern hier zu nahegekommen. Es folgt eine erneute Trennung der Geschwister und eine langwierige Wiederannäherung.

Soweit die Märchenvarianten zu diesem geschwisterlich-psychosexuellen Übungsfeld. Geübt wird der Übergang aus einem vertikalen in ein horizontales Beziehungsfeld, ohne sich dabei zu verlieren oder einander inzestuös zu nahe zu kommen.

Der extrafamiliäre Dritte – Die geschwisterliche Brückenfunktion für die psychosexuelle Entwicklung

In unserem Märchen kommt jetzt der König ins Spiel – es kommt also *ein Dritter* hinzu. So kann ein Weg zur Weiterentwicklung der Paarbeziehung entstehen. Dieses progressive Element geht vom Bruder aus: Er ist Kutscher beim König und wohnt im Schloß des Königs. Er steht mit einem Bein bereits in der außerfamiliären Welt. So wird der Bruder für die Schwester zum Vermittler, er bildet für die Schwester eine Brücke vom innerfamiliären zum außerfamiliären männlichen Partner. Allerdings hat sich auch bei ihr ein Wandel vollzogen, auch sie ist inzwischen auf eine Beziehungsöffnung eingestellt: Sie freut sich, als sie über ihren Bruder die Botschaft des Königs erhält, dieser habe sich für sie als Frau entschieden.

Dem König war gerade die Königin gestorben. Die war so schön gewesen, daß er keinen Ersatz finden kann. Als er sieht, daß das Bild von Reginers Schwester noch schöner ist, als seine verstorbene Frau war, verliebt er sich in dieses Bild. Auch der König scheint noch – wie Reginer – an einem idealisierten Frauenbild zu hängen. In der Gestalt seiner schönen Königin hat er das Bild zwar verloren, aber mit Reginers Hilfe hofft er es wiederzufinden. Zum Abschiednehmen ist er noch nicht bereit.

Bei dem Geschehen zwischen dem König, Reginer und seiner Schwester geht es um eine essentielle geschwisterliche Brückenfunktion in der psychosexuellen Entwicklung. Das Märchen inszeniert dabei ein *Nacheinander* der Schauplätze. Eine vergleichbare Auffassung findet sich neuerdings auch in der psychoanalytischen Entwicklungstheorie (Parens 1988). Nach ihr ist die Verlagerung der sexuellen Beziehungsphantasien von den Eltern auf Geschwister als eigenständiger Entwicklungsschritt zu verstehen, der die Weiterverlagerung der sexuellen Phantasien auf Peers überbrückt und erleichtert. Scheinbar durchlaufen die psychosexuellen Phantasien drei Räume, deren Schwellen nacheinander überschritten werden müssen: Erst heften sich die Phantasien an die Eltern, dann an die Geschwister und schließlich an Peers, außerfamiliäre Partner. Nach der heutigen Entwicklungstheorie können wir uns die drei Räume auch auf einer *Simultanbühne* vorstellen: die Geschlechtsidentität entwickelt sich von Anfang an – und während des ganzen Lebens – in psychosexuellen Beziehungserfahrungen mit den Eltern, mit den Geschwistern und mit den Peers (Cierpka 1992; Sohni 1998).

Unser Märchen führt uns die Brückenfunktion der Geschwister im *adoleszenten Ablösungsprozeß* vor Augen. Die duale Bruder-Schwester-Beziehung entwickelt sich mit der Hereinnahme des Königs zu einer Dreierbeziehung weiter. Zwei Schritte folgen also einander: Zunächst führt die Geschwisterliebe aus einem möglichen Gebundenbleiben an die Eltern heraus, jetzt führt die Aufnahme eines Dritten aus einem möglichen geschwisterlichen Gebundenbleiben heraus. Wenn sich die psychosexuelle Attraktivität von innerfamiliären zu außerfamiliären Beziehungspartnern verschiebt, werden zwei Prozesse in Gang gesetzt: Die Ablösung von den Eltern erfordert beidseitige Trennungsarbeit, und die Ablösung vom Geschwister als psychosexuell Vertrautem erfordert ebenfalls beidseitige Trennungsarbeit. Ist der neue Dritte – wie in unserem Märchen – ein Partner der Schwester, besteht diese Trennungsarbeit für den Bruder zugleich in einer rivalitätsgefärbten gleichgeschlechtlichen Auseinandersetzung.

Wie steht es mit dem anderen Geschwistermuster? Bietet unser Märchen auch für die Schwesternbeziehung einen progressiven Weg an? Die schwarze Stiefschwester wird auf die weiße eifersüchtig. Zum ersten Mal empört sie sich gegen ihre Mutter. Es rührt sich etwas am intergenerationalen Clinch der beiden. Aber der Impuls bleibt stecken. Die Schwarze ist zu ich-schwach, zu wenig autonom und verläßt sich erneut darauf, daß die Mutter für sie handeln soll.

Psychosexuelle Metamorphose – Integration vertikaler und horizontaler Beziehungserfahrungen

In der Kutschenfahrt zum König-Bräutigam wird die weitere psychosexuelle Metamorphose eindrucksvoll inszeniert. Die Kutsche bringt alle zusammen – das einzige Mal im ganzen Verlauf: die Braut, die Stiefmutter und die Tochter im Wageninneren, Reginer als Kutscher oben auf dem Wagen. Die Hexenkünste der Alten machen Reginer halb blind, die Schwester halb taub. Hier geraten Bruder und Schwester unter den Einfluß des abgespaltenen Teils der Weiblichkeit – sie können sich gegenseitig nicht mehr in ihrer bisherigen Gestalt und Beziehung wahrnehmen. Die Kutsche läßt sich symbolisch als ein Raum der Weiblichkeit auffassen. Indem Reginer die Kutsche lenkt und führt, bringt er zwar aktiv die Verbindung zum König zustande, doch er beherrscht das Weibliche nur scheinbar – und vermeintlich in der bisherigen Gestalt. Er will das reine, entrückte Bild der Schwester erhalten und sie nach diesem Bild zum König bringen. Die Berührung mit der wirklichen Welt will er vermeiden. Reginers Bemühen verdichtet sich in seinem Spruch, den er beschwörend dreimal an die Schwester richtet: „Deck dich zu, mein Schwesterlein ..." Währenddessen wird die Schwester-Braut scheinbar passiv kutschiert. Sie ist aber ihrerseits aktiv, indem sie dreimal fragt: „Was sagt mein lieber Bruder?" Vor ihrer Stiefmutter und ihrer Stiefschwester bekennt sie sich offen zum Bruder. Damit ist sie zugleich in Verbindung mit der brüderlichen und mit der weiblichen Sphäre. Dramaturgisch vollendet greifen die Worte des Bruders, die Frage der Schwester und die sinnverkehrende Übersetzung der Stiefmutter ineinander. Die Braut befolgt die mütterlichen, scheinbar brüderlichen Anweisungen: erst zieht sie ihr goldenes Kleid aus und gibt es der Schwester, dann setzt sie ihr ihre goldene Haube auf und sitzt mit bloßem Haar, dann beugt sie sich aus dem Wagen hinaus. Das unverbrüchliche Vertrauen in die geschwisterliche Beziehung gibt ihr den Schutz, unter dem sie die bedrohliche Verunsicherung ihrer bisherigen weiblichen Selbstauffassung zulassen kann.

Kommen sich auch die Schwestern näher? Verändert sich ihre Beziehungsspaltung? Äußerlich tauschen die beiden ihre Kleider aus. Symbolisch integrieren beide wechselseitig die jeweils abgespaltene Seite der Weiblichkeit. Unser Märchen stellt in diesem Bild die Sehnsucht und den Wunsch nach dieser schwesterlichen Versöhnung lebendig vor Augen. Aber die Lösung wird uns nicht gezeigt. Als zwei Schwestern mit zugleich ähnlicher und unterschiedlicher psychosexueller Identität kommen sich die beiden nicht näher.

Von der geschwisterlichen zur außerfamiliären Partnerschaft – Ausschluß oder Umwandlung?

Mit dem Sturz des Mädchens ins tiefe Wasser vollzieht sich dramatisch die Trennung von Bruder und Schwester. Das Mädchen versinkt im Wasser, kommt aber als schneeweiße Ente sofort wieder an die Oberfläche und kann sich selbständig bewegen. Die weiße Ente ist eine weibliche Übergangsgestalt, in der die heranreifende Frau jetzt aktiv wird. Reginer hat von der ganzen Veränderung nichts bemerkt und bringt dem König die häßliche, schwarze als seine vermeintliche weiße Schwester. Er sieht in ihr immer noch die goldene Gestalt, der König sieht sie dagegen in ihrer Häßlichkeit. Beim Zusammentreffen erkennt der König die schwarze Braut als dunkles Gegenstück der weißen. Daraufhin wird er einerseits „sehr bös" und läßt Reginer in eine Grube voll Ottern und Schlangengezücht werfen, andererseits läßt er sich auf die schwarze Braut ein und heiratet sie. Das kann als progressiver Versuch gesehen werden, eine Partnerschaft von dieser entidealisierten, irdisch-körperlichen Seite her zu leben. Doch ist diese Partnerbeziehung brüchig und nicht tragfähig.

An dieser Stelle zeigen die Geschwistermärchen in verschiedenen Varianten, aber strukturell unmißverständlich: Eine außerfamiliäre partnerschaftliche Beziehungsfähigkeit wird erst erreicht, wenn vorher ein schwieriger Schritt psychosexueller Reifung im Übergang von der geschwisterlichen zur partnerschaftlichen Bindung gelingt. Schauen wir uns an, wie es in unserem Märchen auf diesem horizontalen Übergangsfeld weitergeht. Der König nimmt diese Frau unter dem Einfluß der alten Hexe, ein progressiver, aber noch kein eigener Schritt. Die schwarze Braut kann dem König zwar auf dem Schoß sitzen – aber sie kann sich nicht zur erwachsenen Frau weiterentwickeln, sie hat nur ein geborgtes, falsches Selbst. Ihr fehlt die Brückenfunktion einer brüderlichen Beziehung.

Und was wird aus Reginer und seiner Schwester? Die Schwester wird durch weibliches Eingreifen ins Wasser geworfen, der Bruder durch männliches Eingreifen in die Schlangengrube. So müssen sie ihr symbiotisches Gehäuse unter schwerer Erschütterung verlassen. Das Märchen gibt an diesem Übergang hilfreiche Hinweise für ein neues Verständnis der Geschlechtsidentität: Die weitere männliche beziehungsweise weibliche Entwicklung verläuft nicht als Spaltung und Ausschluß des Gegengeschlechtlichen, sondern Bruder und Schwester bleiben miteinander in Beziehung. Die Trennung von Bruder und Schwester geschieht auf einer *Brücke* – ein Symbol der Verbindung. Dann findet ein Rollentausch zwischen Bruder und Schwester statt. War zunächst die Schwester auf dem Weg zum König auf die Aktivität des Bruders angewiesen, so lernt sie jetzt als Ente selbst aktiv zu werden. Ihr Bruder lernt dagegen in der Grube, passiv diese Lage zu ertragen. Um herauszukommen, ist er völlig auf seine Schwester angewiesen. Durch die erzwungene Trennung integrieren beide individuell den gegengeschlechtlichen Part, mit dem sie sich vorher in ihrer symbiotischen Verbundenheit wechselseitig identifizierten.

Reginer in der Schlangengrube und seine Befreiung daraus ist zugleich das Bild einer Initiation und einer schöpferischen Regression in eine weibliche Höhle. Männliches und Weibliches werden im Prozeß des Mannwerdens neu integriert. Reginer kommt hier in Berührung mit den Schlangen, mit dem bisher abgespaltenen Teil des Weiblichen. Das Verschlungenwerden in einer Grube ist zugleich ein uraltes Initiationsmotiv. In den Mythen der Antike wird dabei die Ablösung matriarchalischer durch patriarchalische Verhältnisse angezeigt. So findet Theseus nicht ohne Hilfe der kretischen Prinzessin Ariadne aus dem Labyrinth mit dem drohenden Minotaurus heraus, doch läßt Theseus kurz darauf Ariadne auf Naxos sitzen und kehrt als siegreicher Held nach Athen zurück. Unser Märchen setzt dieser Lösung eine emanzipatorische entgegen. Die erste Bitte der erlösten Braut an den König wird die sein, den Bruder aus der Schlangengrube zu befreien. Das ist ein weitreichender Entwurf: nicht die männliche *oder* die weibliche Seite regiert am Ende, sondern beide kommen zusammen.

Doch noch ist es nicht soweit. Auf zwei Kanälen wird uns ein Kontrastprogramm geboten. Während die schwarze Braut dem König auf dem Schoß sitzt, spielt in der Küche eine Szene zwischen der weißen Braut und dem Küchenjungen. Die eine Szene sozial ganz oben, die andere ganz unten. Die Ente kommt zum Gossenstein herein, soweit „heruntergekommen" ist sie, mit einem Dienstboten läßt sie sich ein. In dieser Küche waltet keine Frau, – der Küchenjunge macht der Ente ein Feuer auf dem Herd. Sie kommt, setzt sich daneben, schüttelt sich und läßt sich's wohl sein. Hier *soll* alles durcheinanderpurzeln, hier werden die Geschlechterrollenstereotypien durcheinandergewirbelt. Hier wächst die Vertrautheit zwischen den Geschlechtern, während der König und die schwarze Braut in den königlichen Gemächern wohl nicht so recht warm werden miteinander. Dieses Tête-à-tête in der Küche zwischen Ente und Jüngelchen läßt sich auch als „Peer-Beziehung" verstehen – mit einem psychosexuellen Erfahrungsraum zwischen der vertrauten geschwisterlichen Beziehung und der noch unvertrauten Partnerbeziehung.

In dieser Peer-Szene verdichtet sich noch einmal die Metamorphose des Mädchens zu einer Frau mit neuer Identität. Das Frage-und-Antwort-Spiel der beiden geht in Reimen vor sich, beide sind auf den gleichen Rhythmus eingestimmt, drei Abende lang läuft das gleiche Ritual ab. Das Mädchen trägt hier eine große innere Spannung aus, indem es sich zugleich seinen Bruder, seine schwarze Schwester und den König vorstellt und die damit verbundenen rivalisierenden, eifersüchtigen und schmerzhaften Gefühle durchlebt.

Die Schwester hat die Trennung von ihrem Bruder als dem bisher einzig Vertrauten vollzogen. Sie hat Abschied genommen von der Größenvorstellung von sich selbst und ist abgelöst von ihren idealisierten Eltern. Sie ist bereit, in ein gewöhnliches Leben einzutreten und eine Partnerschaft zu leben. So kann sie jetzt ihre eigene weibliche Gestalt annehmen.

Der König ist jetzt geerdet, er findet den Weg in die Küche als dem Ort lebendiger Weiblichkeit. Schwarze und weiße Braut fallen in seiner Beziehungsfähigkeit zusammen, als er in der reinen Gestalt der weißen Ente die lebendige Frau erkennt. Wenn er der Ente mit seinem Schwert den Hals durchtrennt, macht er einen eigenen, entschiedenen Schritt auf diese Frau zu, er meint wirklich sie. Sie gleicht genau dem Bild, das der Bruder von ihr gemacht hat, nur sieht er sie jetzt nackt und naß dastehen, nicht in Gold.

Auch der Bruder ist ein eigenständiger Mann geworden. Der König und seine Braut sind sich einig, ihn aus der Grube herauszuholen. Alle drei werden erlöst – sie haben eine Möglichkeit gefunden, miteinander in Beziehung zu leben. Es entsteht ein umgewandelter intergenerationaler und intragenerationaler Beziehungsraum. Die Heirat symbolisiert dieses Ensemble innerpsychischer und intersubjektiver Beziehungsreifung.

Diskussion

Hat sich auch die Beziehung zwischen den Schwestern verändert? Die weiße Braut kann am Ende bei ihrem Partner für den Bruder bitten, aber nicht für die Schwester. Da ist keine Vertrautheit, keine schwesterliche Entwicklung, wechselseitig den schwarzen beziehungsweise den weißen Anteil der Weiblichkeit zu integrieren – die homoerotische Schwesternbeziehung bleibt gespalten.

In der postmodernen, dekonstruktivistischen Kritik am psychoanalytischen Konzept der Geschlechtsidentität (etwa bei Benjamin 1995, Butler 1991, Goldner 1995) kann der

Eindruck entstehen, die Kernproblematik der bipolaren, binären Geschlechtsidentität „männlich-weiblich" liege im Ausschluß der gegengeschlechtlichen Anteile. Demnach ginge es bei der Suche nach neuen Lösungen um die Integration der gegengeschlechtlichen Anteile (Hoeltje 1996). Unser Märchen gibt auch in dieser Frage eine Orientierungshilfe: Die Beziehungsspaltung kann ebenso zu einer homoerotischen Bipolarität führen wie zu einer heteroerotischen.

Unsere heutigen Vorstellungen von Entwicklung und Beziehung gehen von einem sozialen Bedürfnis als Grundmotiv aus. Diese Annahme impliziert eine Beziehungsdialektik, ein Bedürfnis nach Abgrenzung *und* nach Kontakt. In diesem Kontext verstehe ich den geschwisterlichen Wunsch, einander ähnlich zu sein *und* sich voneinander zu unterscheiden, als eine elementare entwicklungsfördernde Dynamik und spreche von *Geschwisteridentität* (Sohni 1998). Die Geschlechtsidentität entsteht als kontextuelle Entwicklung (Goldner 1995), durch Integration der unterschiedlichen intra- und extrafamiliären Beziehungserfahrungen – dabei wesentlich der geschwisterlichen.

Unser Märchen stellt dazu in seinen Szenen eine Beziehungsvernetzung dar, die sich familiendynamisch noch näher beschreiben läßt. Ich fasse die Unterschiede zwischen Geschwistern nicht als sich gegenseitig ausschließende Abgrenzung auf, sondern verstehe unter *komplementärer Bezogenheit* den unbewußten Austausch zwischen Geschwistern, die in ihrer Verschiedenheit aufeinander bezogen sind. Zwischen mehreren Geschwistern sind auf diese Weise entwicklungsfördernde Erfahrungen häufig mit leidvollen Erfahrungen an anderer Stelle dynamisch verbunden. So verstehe ich auch die komplementär-fördernde Entwicklung zwischen dem Bruder und der weißen Schwester in unserem Märchen in einem psychodynamischen Zusammenhang mit der bleibenden Beziehungsspaltung zwischen den Schwestern und derjenigen zwischen dem Bruder und der schwarzen Schwester. Bei der Individuation des Bruders und der weißen Schwester bleibt ihre vertrauensvolle Beziehung erhalten, sie entwikkeln eine koevolutive psychosexuelle Identität. Beider Beziehung zur schwarzen Schwester bleibt gespalten, hier ist der geschwisterliche Raum für die Entfaltung einer Geschwisteridentität und einer koevolutiven psychosexuellen Identität eingeschränkt. Die Ersatzpartnerschaft zwischen der schwarzen Tochter und ihrer schwarzen Mutter bewirkt eine Beziehungsdynamik, die wir erst in jüngster Zeit familientherapeutisch zu beachten lernen: Die vertikale Eltern-Kind–Ersatzpartnerschaft kombiniert sich immer mit einer horizontalen Störung der Geschwisterbeziehung – die „vorgezogene" schwarze Schwester erleidet als Folge den Verlust echter elterlicher Geborgenheit *und* den Verlust eines geschwisterlichen Raums für die Bildung einer Geschwisteridentität.

Den Ausgang des Märchens verstehe ich so, daß eine ideale komplementäre psychosexuelle Identität nicht zu haben ist. Es gibt eine Grenze, die individuell erfahren werden muß. Im Wiederfinden der verlorenen Geschwisterebene, im Erleben von Verlust und Entbehrung einer gemeinsamen psychosexuellen Entwicklung können wir die Dynamik dieses Prozesses wieder freisetzen und lebendig werden lassen.

Mit fünf Illustrationen von Otto Ubbelohde.

Literatur

Bank, S. P.; Kahn, M. D. (1989): Geschwister-Bindung. Paderborn.

Benjamin, J. (Hg.) (1995): Unbestimmte Grenzen. Beiträge zur Psychoanalyse der Geschlechter. Frankfurt a. M.

Berger, M. (1991): Die Bedeutung des Vaters für die weibliche Entwicklung und eine mütterliche Identität. In: JB. Psychosom. Gyn. u. Geburtshilfe.

Bettelheim, B. (1977): Kinder brauchen Märchen. Stuttgart.

Butler, J. (1991): Das Unbehagen der Geschlechter. Frankfurt a. M.

Cierpka, M. (1992): Die Entwicklung des Familiengefühls. Forum Psychoanal. 8: 32–46.

Didzus, A. (1993): Zur Psychologie des Geschwisterinzests. Diplomthesis. Zürich.

Goldner, V. (1995): Gedanken zu ener kritischen Relationstheorie der Geschlechtsidentität. In: Benjamin, J. (Hg.), Unbestimmte Grenzen. Beiträge zur Psychoanalyse der Geschlechter. Frankfurt a. M.
Grimm, J., ; Grimm, W. (1819/1922): Kinder- und Hausmärchen. Marburg. 3 Bde.
Hoeltje, B. (1996): Kinderszenen. Geschlechterdifferenz und sexuelle Entwicklung im Vorschulalter. Stuttgart. Beiträge zur Sexualforschung (Hg. v. M. Dannecker, G. Schmidt und V. Sigusch), Bd. 73.
Kast, V. (1993): Familienkonflikte im Märchen. 4. Aufl. Düsseldorf.
Lehmkuhl, U.; Lehmkuhl, G. (1995): Die Bedeutung der Geschwisterkonstellation aus psychotherapeutischer Sicht. Zeitschr. für Individualpsychologie 20: 195–207.
Ley, K. (Hg.) (1995): Geschwisterliches. Jenseits der Rivalität. Tübingen.
Mertens, W. (1992): Entwicklung der Psychosexualität und der Geschlechtsidentität. Bd. 1. Stuttgart.
Metzner, C. (1984): Die Bedeutung des Bruder-Schwester-Inzests aus analytischer Sicht. In: Materialien zur Psychoanalyse und analytisch orientierten Psychotherapie (Hg. v. P. Hahn u. E. Herdieckerhoff), Bd. X, S. 33–72.
Parens, H. (1988): Siblings in early childhood: Some direct observational findings. Psychoanalytic Inquiry 8: 31–50.
Petri, H. (1994): Geschwister – Liebe und Rivalität. Zürich.
Schacht, Ch. (1982): Die Geschwisterbeziehung und „soziale Gefühle“ bei Freud. Diss., Naturwiss. Fakultät, Salzburg.
Sohni, H. (1994): Geschwisterbeziehungen: Die Einführung der horizontalen Beziehungsdynamik in ein psychoanalytisches Konzept „Familie“. Prax. Kinderpsychol. Kinderpsychiat. 43: 284–295.
Sohni, H. (1998): Geschwister – ihre Bedeutung für die psychische Entwicklung im Familiensystem und in der Psychotherapie. Kontext 29/1:5–31.
Stern, D. N. (1992): Die Lebenserfahrung des Säuglings. Stuttgart.

Rudolf Heinz

„Alle Menschen werden Brüder ...“

Mytho-philosophische Anmerkungen zum Geschwisterproblem

Summary: „All Men Become Brothers ...“
Mythophilosphical Remarks on the Sibling Problem

This article is firmly opposed to calling siblinghood „horizontal“ in contrast to „vertical“ parenthood. The first part criticizes – in the sense of „enlightenment of enlightenment“ having no alternative – the civil basic value of equality/fraternity against its contrary claim as „un-natural, hetero-nomous, most guilty, homo-sexual, and imperial“. After a short digression to mythology and the history of philosophy of siblingshood, the second part, the third part especially takes up the thesis of „heteronomy“ in sibling relationships: this – in its form of fulfillment and destruction, the brother-sister incest – is interpreted as „relational-physical counterpart to the audio-visual material media, mythologically anticipated in the intermediate beings (angels)“, justified incest theoretically, and considered as a signature of our media epoch.

I. Daß alle Menschen keine Brüder werden mögen

Am Anfang – aber nur des Abendlandes – war die Philosophie (und davor die Mythologie). Aber was ist Philosophie an ihrem womöglichen Ende derzeit? Ich denke, selbstverständlich immer noch Aufklärung. Wenn aber Aufklärung, so zumal dann Aufklärung *der Aufklärung*, der historischen; auf welch letztere der Obertitel „Alle Menschen werden Brüder ..." anspielt, nämlich auf die politische Pointe derselben: die französische Revolution in Schillers Adaptierung in seiner prominenten „Ode an die Freude", die in Beethovens Vertonung immerhin Kandidatin für die bundesdeutschen Nationalhymne gewesen ist und, noch aktueller, in der Phase der deutschen Vereinigung sich zur solemnen Selbstanschauung des umwälzenden Vorübergangs politischer „Horizontalität", sozusagen erfüllter „Geschwisterlichkeit" verlautete.

Da ich nun aber der Mühsal der Aufklärung der Aufklärung mich verschrieben habe, eben gerade derjenigen der zivilen Grundwerte, kann ich es nicht verhindern, mich wie ein Spielverderber zu betätigen, indem ich ohne Umschweife bekenne, daß ich äußerst schlecht auf Schiller mit seiner „Ode an die Freude" und auf manches Ähnliches mehr noch in deren Verlängerung zu sprechen bin. Einmal nur schwanden meine Aversionen bezeichnenderweise, als ich mir den letzten Satz von Beethovens „Neunter Symphonie" unter Bernstein anhörte. Die eh schon lädierte Musik übersteigerte sich unter diesem Dirigat zu einem solchen Grad an Läsion, daß ich vermeinte, ich sei in eine psychiatrische Klinik geraten und der volle Wahnsinn aller verzweifelten bourgeoisen Wertoptionen, zumal derjenigen mit besonderem Sentiment, hätten sich zu entblößen angesetzt. Aus welcher Erfahrung ich sogleich die These zu extrahieren mir erlaube, daß Krankheit, schwerste Krankheit, intellektuell adaptiert, einzig oft nur noch hinreicht, Elemente der besagten Aufklärung der Aufklärung an die Hand zu bekommen. So denn auch meine obligate Verbindung von Philosophie und Psychiatrie.[1]

---

1 Verbindung, die ich unter dem Titel „Pathognostik" betreibe. Deren Philosophiecharakter nötigt zur Psychoanalyse-kritischen Ausweitung der Psychoanalyse auf Objektivität, hier im Zusammenhang der „Geschwisterlichkeit" auf die Medien, und vice versa: Philosophienötigung (Psychotisierung sozusagen) durch den Dingbezug. – Neuere Buchpublikationen dazu:

„Alle Menschen werden Brüder“ – weshalb nehme ich an der „Brüderlichkeit“, diesem hohen Aufklärungsideal, in dem sich die Gleichheit quasi verwandtschaftlich naturalisiert/natürlich macht und damit nicht zuletzt auch besonders gefühlsbefähigt – weshalb nehme ich daran Anstoß?

Ich beginne mit dem Skandalregister:

1. „Von Natur keine Spur“ ... Wenn schon, dann ist die Brüderlichkeit, wie alle definiten Verwandschaftsbeziehungen auch, keinerlei natürliche Gegebenheit, vielmehr ein bereits hoch entwickeltes Kulturartefakt im Sinne einer Ordnungsdefinition auf der selbst schon äußerst komplexen empirischen Grundlage einer Homogenität: der gleichen maternalen Herkunft. Weshalb aber die Natürlichkeitsbehauptung, durchweg ausgedrückt im Mythos der Blutsbande? Kulturmaßnahmen werden dann als natürlich vorgegeben, wenn sie, was ihr Los ist, sozusagen wackeln: wenn sie abgesichert, be-gründet werden müssen. Die Unnatur der kognativen Beziehungen ist außerdem der Grund dafür, daß diese, man könnte meinen beliebig, extrapoliert zu werden vermögen; wie unter anderem ja durch den Übertragungsbegriff der Psychoanalyse bekannt.

2. „Von Natur keine Spur“ ..., aber ebenso keinerlei Spur von normativ-moralischer bis politischer Autonomie. Denn der zivile Grundwert der Brüderlichkeit verdankt sich keinem freien und gar auch noch einsichtsbegründeten Akt, ist dagegen vielmehr rein „ideologisch“ in dem Sinne, daß seine Maßgabe außerhalb seiner selbst liegt, und zwar gänzlich

---

Heinz, R. (1986/87/90/98): Pathognostische Studien I/II/III/IV. Genealogica Bde. 10/17/20/25. Essen.

Ders. (1993): Zerstreuungen. Aufsätze, Vorträge, Interviews zur Pathognostik. Wien.

Ders. (1994): Somnium Novum. Zur Kritik der psychoanalytischen Traumtheorie. Vol. I. Wien.

Ders. (1995): Metastasen. Pathognostische Projekte. Wien.

Ders. (zusammem mit Ch. Weismüller) (1996): Nachtgänge. Zur Philosophie des Somnambulismus. Wien.

Ders. (1997): Logik und Inzest. Revue der Pathognostik. Vol. I/II/III. Wien.

heteronom im Stand der Dinge, buchstäblich genommen, also im Evolutionsstand der Produktivkräfte, mindest deren Potentialität. Solche Werte wie die Brüderlichkeit sind so etwas wie der feiertägliche Abhub der Passage einer zukünftigen oder auch schon passierten Revolution, der isolierte Gefühlsblick auf die Seite der Intersubjektivität darin. Würde nun ebenso wie vorher anläßlich der Natürlichkeitsunterstellung gefragt, warum denn moralische Autonomie, die es gar nicht geben könne, doch dafür behauptet werde, so gäbe ich die gleiche Antwort: daß sie der Absicherungs- und der Begründungsnachhilfe solcher Werte gelte. Sehr rasch kriegt man fast alle Phantasmen der bürgerlichen Aufklärung so zusammen: den „ethischen Intellektualismus" im Sinne einer „moralischen Urzeugung" auf „Naturgrundlage" ...

Da diese Axiologie in allen ihren Anfechtungen fortbesteht, ist es kein großer Sprung von daher in unsere Tage, von der französischen Revolution zu dem zweifellos merklichen aktuellen Fraternisierungsschub in der ununterbrochenen Kontinuität des Bürgertums, dem ich ebenso keinerlei Autonomie zubilligen kann. Alles in dieser schönen Theorie und Praxis ist letztlich abhängige Variable einer daraufhin unabhängigen Außengröße, nämlich des Epochenbegriffs von Technologie: der modernsten Medien.

3. Meine Ausführungen zum dritten Fraternitätsskandal reklamieren Freuds „Totem und Tabu", also die unabdingbare Opferfundiertheit des Grundwerts der Egalität, dessen konstitutiven Terror: daß unabwaschbar Blut daran klebt. Der emotionale Folgewert der Brüderlichkeit dient dem Vergessen dieser Gewaltprovenienz, ist immer auch so etwas wie schuldflüchtig-manischer Blutrausch (der Blutmythos beginnt einen fraternalerweise zu verfolgen!). Ich darf doch wohl behaupten, daß ich keine empirisch-historisch ungedeckten Aussagen aufgestellt habe? Man braucht sich nur der großen Revolutionen der Neuzeit zu entsinnen – der französischen, der russischen, beinahe hätte ich gesagt: der deutschen nationalsozialistischen auch, die aber keine wahre solche ist, um gänzlich unspekulativ dessen innezuwerden, daß der Wert der Gleichheit/Gerechtigkeit inklusive seiner Be-

gleitmusik der fraternité der terroristischste aller Werte sei, eine Angelegenheit einebnender Distribution eines Possessionsgefälles, um es nochmals zu sagen: von äußerster Gewalttätigkeit, in sich und auch nach außen wiederum.

Was man dagegen halten solle? Gewiß doch nicht dasselbe ausgewogen en petit?! Nein, fürs erste nicht mehr, als das Unbewußte solcher Werte anzumahnen: daß sie weder ein natürliches noch ein autonomes noch gar ein unschuldig Ding sein können; welche schönen Mystifikationen – Natürlichkeit, Autonomie, Unschuld – nichts als Abwehrmaßnahmen sind. Mit Blick auf den Zusammenhang der technologischen Werteheteronomie und ihrer Gewaltgenese wäre freilich dann zu fragen, welche Großschlachtungen die elektronische Revolution mit ihrem leiblichen Inbegriff der Geschwisterlichkeit bedingten ...

4. „Wo sind sie geblieben?“ – die Schwestern nämlich? Man erwidere bitte nicht: die Schwestern gehörten dazu oder mindest, sie seien in neuerer oder neuester Zeit etwa dank des Feminismus, dieser jüngsten großen Demokratisierungsbewegung, dazugekommen. Dagegen spricht mindestens, daß in der kompletten Geschwisterlichkeit die entscheidende Ersetzung der Eltern durch die Geschwister, der Bezug zur elterlichen Erbmasse sozusagen konstitutiv erhalten bleibt, und damit erhalten, ja vorausgesetzt bleibt die bestätigende Referenz auf alle patriarchalen Hinterlassenschaften. Es geht ja in dieser Ersetzung nicht um Neuschaffung, vielmehr um rechtsame In-Besitznahme/Aneignung. Ferner müßte die Aneignungsweise für die Schwester-Frau ebenso beschaffen sein wie für den Bruder-Mann, also abermals männlich. Und schließlich kann es schwerlich ausbleiben, daß die Geschwister in diesen Manns-lastigen Referenzen zu Konkurrenten werden. Also: Kommt die Schwester gerechterweise zur Bruderhorde hinzu, nimmt sie ebendort Platz, so gerät sie in ein Großprogramm der (Selbst-)Abschaffung von Weiblichkeit, das alle vorhergehenden Versionen derselben überbietet: Stoff, Form, Vollzug und Ziel dieser Aneignung sind und bleiben männlich bestimmt, und entsprechend liefe die Selbstwahrung von Frau darauf hinaus, deren

traditionelle Platznahme zu stärken, einer Platznahme der „Nichtexistenz", insoweit den Fortschritt des Patriarchats aufhaltend, als Weiblichkeit dessen Unbewußtes, die explosive Aufladung mit dieser Alterität ausmacht? (Heinz 1994).

5. „... und wer's nie gekonnt, der stehle / weinend sich aus diesem Bund." Wie auch sollte die Brüderlichkeit nicht ausschließend, nicht imperialistisch, nicht missionarisch sein? Die Art des Schillerschen Splitting ist aber mit Verlaub besonders fies, insofern der Ausschluß des beschämten, weil der liebenden Brüderlichkeit Unvermögenden sich als Selbstausschluß, letztlich wie als Aufforderung zum Suizid empfiehlt; so wie im von Adorno angeführten KZ-Szenarium, wo sich der Jude von den SS-Schergen selbst zu erhängen genötigt wird und dies ungeschickterweise nicht zustande bringt ... (Adorno 1975). Womit ich fürs erste das Sündenregister der Brüderlichkeit abschließe und zusammenfassend geltend mache, daß dieser große Wert un-natürlich, hetero-nom, verschuldetst, homo-sexuell und imperial ist.

Ein paar kommentierende Worte zu dieser Art von Kritik. Ihrem Selbstverständnis nach ist sie mitnichten irgend übertrieben und deshalb auch nur um den Preis von Verleugnung moderierbar und ausgewogen zu machen. Als solche ist sie ein Dokument der unbeliebtesten Art von Kritik, nämlich derjenigen ohne Alternative. Also eine decouragierende, deprimierende, paralysierende, rein nur noch selbstzweckliche Veranstaltung? Nein, gewiß nicht. Sie ist die Anmahnung des Unbewußten der hohen Werte, das demonstrative Monitum der werteschaffenden und -erhaltenden Opfer-, Schuld- und Gewaltverhältnisse in der Art der Bloßlegung dieser Unterwelt dieser Vernünftigkeitsinbegriffe. Aber worauf läuft dann dieses zu keiner Alternative führende Gegenpathos der Aufklärung der Aufklärung, solche Emphase totalisierender kritischer Philosophie hinaus? In einem zweifachen Sinn bleibt solche Kritik dem Kritisieren verhaftet, mit diesem homogen; und zwar als Bannungsakt, als Beschwörung des Werteunheils gleichermaßen, nicht indessen gleicherweise, indem sie es mit abwendiger Entblößung, nicht hingegen mit verhüllender Abwehr hält. Man kann wohl soweit gehen und geltend machen, daß solche Aufklärung der Aufklärung, gleichermaßen magisch motiviert, ungleicherweise den magischen Vollzug aber entblößend versus verhüllend, paradoxerweise die Aufklärung zu stärken sucht und in dieser Überziehung zugleich dessen Kollaps mitbesorgt, kurzum: diesen unauflösbaren Widerspruch ausbildet und zumutet, der sich in diesen meinen Ausführungen darüber ebensowenig dann auflöst.

So die weitere Verhaftung der Kritik an das Kritisierte: wenn der Stand der Dinge fortschrittlich so beschaffen ist, daß er um seines Erhaltes willen zur Vindikation der Geschwisterlichkeit nötigt, dann gibt es auch kein Entrinnen davor, sich dieser Nötigung anheimzugeben. Unwidersprüchlich, besser: bewußt vollzogen widersprüchlich ist meine Kritik die Beigabe, eine hinzugedachte Kautele eines mir einzig so genehmen und vergönnten Schutzengels sozusagen eben für die Geschwisterlichkeit, dieses unseres Intersubjektivitätsloses derzeit, die ja insbesondere aufs Eis tanzen zu gehen pflegt. Absichtslos stammen meine Worte alle aus der Sphäre der Geschwisterlichkeit selbst, machen die Aufklärungssprache quasi des einbegriffenen „gefallenen Engels“.

II. Dialektik der Aufklärung, beispielhaft

Dem Untertitel „Mytho-philosophische Anmerkungen zum Geschwisterproblem“ habe ich wohl ein wenig Genüge getan. Denn: was und wie ich es sagte, war philosophisch, und ein wenig auch schon – mythosophisch – auf Gedankenerzählung aus. Zwischendurch aber möchte ich abschweifend ein paar Bemerkungen zur Philosophie und auch zur Mythologie der Geschwisterlichkeit in der Geschichte dieser Genres anbringen.

Daß die Recherche der Frage der Konsanguinität in der Philosophiegeschichte weitestgehend zu einer Fehlanzeige führt, das liegt gewiß nicht zuletzt an der notorischen Ablösung des Mythos vom Logos. Entsprechend fällt auf die verschwindend wenigen markanten Thematisierungen des Geschwisterverhältnisses ein besonderes Augenmerk; welches zuvörderst sind die Adaptionen des Antigone-Stoffes bei Hegel und auch bei Heidegger (Nettling 1993). Ich kann hier eben nur dazu mitteilen, daß das Bruder-Schwester-Verhältnis in Hegels „Phänomenologie des Geistes“ (1807) eine besondere Auszeichnung erfährt. Die nämliche, wenngleich nicht gerade sublime Auszeichnung dieser Beziehung findet sich, um einen Sprung in die Moderne/Postmoderne vorzunehmen, im „Anti-Ödipus“ Deleuzes und Guataris (1974) und ebenso in beider Kafka-Studie (1976)[2]; in letzterer als unverhohlene Apologie des Schizo-Geschwisterinzests im Unterschied zum Ödipus-Mutter-Sohn–Inzest, der anödipalen deterritorialisierenden „Heimsuchung der Wüste“ versus der ödipalen territorialisierenden „Rückkehr zum Stamm“. Hier wäre die immer noch aktuelle, im Übergang zur Postmoderne philosophische Einlaßstelle der Diskussion des Geschwisterproblems.

Nun aber werde ich dieser Überschlagsreproduktion der Philosophieumgehung des Geschwisterproblems doch nicht recht froh, wobei ich vermuten muß, daß dieses gleichwohl, wenn auch kryptisch dann und eher halbwegs apokryph, philosophisches Thema geblieben ist, und zwar mythosophisch transportiert in der Angelologie des Mittelalters, durchaus als eines genuinen Bestandteils der Patristik und Scholastik. Und überhaupt dort, wo das Problem der Vermittlung/der Medien spruchreif wird (und wo muß es nicht spruchreif werden?), müßte man als abgedeckte, wie „naturwüchsige“ Folie eben das Geschwisterproblem gewärtigen. Und also wäre dieses doch gar philosophisch mindest indirekt ubiquitär. Um wenigstens aber noch die erhellendste Großressource, die Mythologie, zu streifen: In diesem Zusammenhang müßte es viel mehr auffallen, daß die Grundlegung des olympischen Götterstadiums im griechischen Mythos nicht zuletzt ge-

2 Mitverwendet in meiner Studie: „Geschwisterinzestuöse Geschlechterversöhnung“ (unter anderem in: Logik und Inzest. Revue der Pathognostik Vol. I. Wien, S. 268–275).

schwisterinzestuös beschaffen ist – Hera und Zeus nämlich sind Geschwister, jene die ältere Schwester, dieser der jüngere Bruder. Wodurch man verführt sein könnte, Geschwisterlichkeit in der Form des göttlichen Vorbehalts des Bruder-Schwester-Inzests als kognativen Inbegriff der „Rücksicht auf Darstellbarkeit“ geltend zu machen: als generationssexuell-körperlich gedächtnisprägnanter Epi-phanie, memorial gewichteter Re-präsentation, sicht-licher Mediatisierung eines Entzogenen. Ist der Olymp doch die Garantie von Kultur und damit Geschichtszeit. Und deren Höhepunkt die Leistungen dinglich-prothetischer Medien immer. (Fehlt die – wohl besonders einschlägige – ägyptische Mythologie?)

III. InzestEngelMedien

Was hat es mit dem Problem der Heteronomie der Geschwisterlichkeit auf sich: daß diese mythologisch mit den Mittlerwesen (Engeln) und technologisch mit den Medien (Fernsehen) korreliere (um diese andauernd unterstellte Beziehung begrifflich vage genug fürs erste auszudrücken)? Wobei Technik die Realisierung des Mythos ausmacht und beide, vorbehaltlich und mit der Vollmacht der Bestrafung ausgestattet, das betreffende Inzesttabu in sich immer schon gebrochen haben (um diese einbegriffenen Theoreme wenigstens anzudeuten). Kurzum: Geschwisterlichkeit, das Bruder-Schwester-Verhältnis, ist die kognativ-leibliche Entsprechung zu den audio-visuellen dinglichen Medien, mythologisch vorweggenommen in den Zwischenwesen (Engeln) als göttlich verstatteter Bruder-Schwester-Inzest. Was folglich heißt, daß in der Epoche der als Technik vorherrschenden Medien Geschwisterlichkeit, offensichtlich im Sinne der Einebnung des Geschlechtsunterschieds (des sozusagen weltlich gewordenen hybriden Wesens der Engel), sich als Organisationsnorm des Geschlechterverhältnisses und der Intersubjektivität insgesamt behaupten muß.

Wie ist diese These zu begründen? Man muß am Extrem der menschlich-abweichenden, also göttlichen (also technisch realisierten) Beziehungen ansetzen: beim Bruder-Schwester-Inzest. Diese Inzestart simuliert die Eltern, sie spielt diese äußerst nothaft indessen quasi nach. Der Geschwisterinzest, die Elternkopie durch Bruder und Schwester, stellt die notgeborene, vorerst rettende Parade dagegen dar, daß Sohn und Tochter durch Vater und Mutter Vater-Tochter- und Mutter-Sohn-inzestuös „rückeingesogen" werden. Es handelt sich demnach um die mimetische Maßnahme der selbst inzestuösen Abwehr eines doppelten, letztlich vernichtenden Inzests, um einen symptomatischen Fluchtweg (vom Regen in die Traufe), der die Hypothek des Ausgangs übernimmt (sich dadurch übernimmt) und quasi mit sich selbst abzutragen sucht. Daß in diesem verbleibenden inzestuösen, bloß in sich mit Ersetzungen arbeitenden Bann sich dann auch das bekannte patriarchale Gefälle zwischen den Geschwistern tradiert, das ist unvermeidlich (wovon schon, abstrakter nur, die Rede war). Genauer noch ausgeführt, ist im Bruder-Schwester-Inzest der Bruder sich sein eigener Onkel mütterlicherseits mit seiner Mutter als Schwester – eine Avunkulatsangelegenheit demnach, in dieser Verschiebung auf die vorausgehende Generation (wie alle Inzestformen außerdem) übergreifend. (Was freilich Überlegungen von einer noch ungemessenen Reichweite sind.)

Worin aber besteht der spezifische Unterschied des Geschwisterinzests zu den anderen Inzestformen (die nicht weniger ihre dinglichen Entsprechungen haben) – der Geschwisterinzest, der sich in sich differentiell in Sicherheit bringen muß, um sich nicht in seine motivierenden Vorausinzeste wiederaufzulösen? Gesagt wurde unausgewiesen schon, daß das „Wälsungenpaar" die „Rücksicht auf Darstellbarkeit" ausmache, epi-phanischen, re-präsentativen Charakters sei. Was das heißt? Wenn das Kriterium der geschwisterinzestuösen Elternersetzung die geschwisterliche Elternsimulation ist, so muß diese ihre Schwäche, eben bloß Simulation zu sein, in sich ausgeglichen werden. Das Kompensationsmittel der Wahl aber besteht darin – die Rückkehr zum Simulierten ist ja versperrt –, die Simulation in sich selbst hineinzutreiben, also selbstbezüglich zu machen. In diesem zweifelhaften

Nachhelfensvorgang, diesem Schwächeausgleich, muß sie, um ihrer Existenz willen, auffällig werden, sich einprägen, in Bann schlagen, erschrecken; muß sich so gerieren, als sei sie in dieser ihrer täuschenden überkompensatorischen Mächtigkeit nicht vom Defizit der Bezugslosigkeit, dem inzestuösen Ausgangsstigma gezeichnet. Es ist dann, um es philosophisch ein wenig angezogener (wie vordem schon) zu formulieren, die auf Gedächtnis beschränkte Vermittlung (die fernste Reminiszenz nur noch), die sich zu Allem, vordringlich zur Instanz der Schaffung des Vermittelten selbst – das Gedächtnis als Produktion! – überhebt. Das nennt man Re-präsentation, dafür selbstbezüglich aufgeladen, als Präsenz unterstellen, das, was erscheinen gemacht wird, in der so terrorisierten/terrorisierenden Erscheinung (scheinbar) aufgehen lassen ...

Womit ich das ganze Geheimnis des Medienphantasmas, aktuell des Fernsehens, mitentborgen hätte. Um es kurz zu machen: Die technologische Verfügung über die Engel als die modernsten Medien lebt (und wie sie lebt!) von der geschwisterinzestuösen Elternersetzung, existiert aus dieser epochalen Elternlosigkeit. Ihre Faszination besteht ganz einfach in der (on dit, den Tod aus der Welt schaffenden) Verwechslung von Wirklichkeit und Simulation (der Simulation a-referentieller Selbstreferenz).

Fazit: Wir sind mit dem Thema Geschwisterlichkeit nicht zu spät dran, es gibt auch keine Chance seines kritisch-oppositionellen Einsatzes. Und selbst wenn die Engel mythologisch nicht technifizierte Engel geblieben wären, gälte dieselbe Aussichtslosigkeit. Und der „Anti-Ödipus“, dieses große Postmodernitätsinitial, irrt sich überaus, wenn er den Geschwisterinzest verklärend als Ausnahme von den anderen Inzestformen abkoppeln zu können meint.

Großdesiderat aber bleibt die längst schon gänzlich überflüssig gemachte Aufklärung dieser Korrespondenzen, insbesondere der der Geschwisterlichkeit und der Medien, in außermoralischem Sinne; auch, ja zumal in praktischer Rücksicht, weil sonst nämlich die Bedingungen von Pathologie in deren, der Krankheit, erfolgreichen Therapie weiterhin fraglos unterhalten werden. Ob diese objektiven Bedingungen (nimmer Ursachen!) jemals aber therapierbar sind?

Daß mich das Thema interessiert, hängt auch mit einem späteren Kleintrauma zusammen, in der Studententherapie, in der ich als Eleve der Psychoanalyse vor Zeiten mitarbeitete. Das war wie ein dezenter Überfall, als ein Student in das Beratungszimmer wie lautlos eindrang. Er stand in einigem Abstand vor mir, blieb stehen, groß, schlank, wie ein „Reisender" (im Science-fiction – „Raumschiff Enterprise"), mit scharf geschnittenen Gesichtszügen, langen dunklen, leicht gekrausten Haaren. Er sah auf mich herab, panisch und arrogant zugleich, mit einem Anflug von Hohn und Häme fast, wie auf einer zugleich angriffigen Flucht. Ob das wohl ein Thema hier sei: daß er schon einige Jahre mit seiner Schwester in einem Liebesverhältnis zusammenlebe, fragte er eindringlich, doch wie wenn er überhaupt nicht adressiert gesprochen hätte. Ich erwiderte: „Ja, natürlich", muß aber so verschreckt gewirkt haben, daß er höflich nickend rasch wieder verschwand – und nicht mehr erschien. Auch in der sorgfältig geführten Statistik der Studentenberatungs- und -therapiestelle fand ich ihn irritierenderweise nicht, dafür in meinem Gedächtnis aber um so mehr. Und von dieser Engelserscheinung an ließ mich der Geschwisterinzest nicht mehr los; nur daß die Engel mich künftig, schlimmer noch, als transsubstantiierende Dinge, als Medien heimzusuchen pflegen ...

Literatur

Heinz, H. (1994): Wunsches Mädchen – Mädchens Wunsch. Rückblick auf die Unmöglichkeit des Feminismus. Wien.

Adorno, Th. W. (1975): Minima Moralia. Reflexionen aus dem beschädigten Leben. Frankfurt a. M.

Nettling, A. (1993): Epikálypsis – Antigone Schweter. In: Eldred, M. (Hg.), Twisting Heidegger. Drehversuche parodistischen Denkens. Denker des 20. Jahrhunderts 3. Cuxhaven, S. 106–124.

Hegel, G. W. F. (1807): Phänomenologie des Geistes. Meiner-Ausgabe, S. 325

Deleuze, G.; Guattari, F. (1974): Anti-Ödipus. Kapitalismus und Schizophrenie I. Frankfurt a. M., S. 257 f.

Deleuze, G.; Guattari F. (1976): Kafka. Für eine kleine Literatur. Frankfurt a. M., S. 92 f.

Katharina Ley

Geschwisterliche Räume

Stimmen der Horizontale im Geschwisterlichen und in der Psychotherapie

Summary: Sibling Spaces – Voices of the Horizontal in the Sibling and Psychotherapy

Sibling spaces indicate encounter possibilities, which among siblings and in psychotherapy are open for what in this article is described as the core of horizontal interaction: mutual acknowledgement of equality. The roaming, well-meaning look enables constant new realizations, trust of the other and her equality without rashly preventing acknowledgement with vertical explanations. Individual and free as a tree and as siblings like a forest – selfworth and siblinghood are presented this way in psychoanalysis/psychotherapy with clinical and literary examples and references to approaches of other authors.

Etwas vom Schwersten: Die Zahl Zwei zu denken.
(Der Jugend ganz unmöglich.) Ludwig Hohl

Geschwisterliche Räume – Stimmen der Horizontale: Lassen wir uns einen Moment tragen von Assoziationen zu diesen Worten! Geschwisterliche Räume erschallen von Stimmen, von Gelächter oder von Kichern, von Streitrufen oder Hänseleien; oder sie sind still, bedrohlich, von Angst erfüllt, von Neid, von wortloser Faszination. Geschwisterliche Räume sind erfüllt von gefühlvollen Erinnerungen und Erlebnissen, sie muten uns an und muten uns etwas zu. In diesen geschwisterlichen Räumen gibt es auch Eltern, anwesende oder abwesende, liebende und strafende, unterstützende und einschüchternde Figuren des Lebenspanoramas.

Stimmen der Horizontale lassen an Gespräche denken, an ein Erzählen, Fragen und Zweifeln und Nachfragen und Antworten, an ein Reden und Zuhören in einer Atmosphäre, die Lust und Neugier bereitet, dabei zu sein, wo alle Anwesenden „auf der Horizontale" präsent sind, vielleicht im Kreis, am selben Tisch, im selben Boot, gleichwertig und gleichberechtigt, und doch unterscheidbar, unterschiedlich. Stimmen der Horizontale sind keine Befehle von oben oder nach unten, in der Vertikale, sondern sie meinen das Vielfältige, das Hin und Her, das miteinander Reden, wandelnde Formen des Austragens von Problemen, die alle betreffen.

Heute verändert sich die Sichtweise von Autoritäten in Familien und Gesellschaft vom bedingungslosen, autoritätsgläubigen Gehorsam zu einem Autoritätsverständnis, das ein flexibleres Herangehen, ein Abwägen und Überlegen und Aushandeln beinhaltet. Heutige Familientische sind nur noch selten Inszenierungen des Pater familias. Wir leben in einer Zeit, in der es keine absoluten Wahrheiten und Sicherheiten mehr gibt, und in der dem einzelnen ein Mehr an Selbstbestimmung und Verantwortung abgefordert wird als bisher.

Die Vergangenheit und die zur Vergangenheit gehörigen Machtverhältnisse und Institutionen sind kein Zwang und keine Garantie mehr, sondern ein Instrument unter anderen. Wir haben uns ein gutes Stück von der patriarchalisch und regelhaft geprägten, vertikal strukturierten Familie entfernt. Doch die starke Sehnsucht des Menschen nach Sicherheit und Geborgenheit ist geblieben. Trotzdem scheint es, daß die individuellen Entwicklungen und die gewählten Beziehungen den Menschen von heute ebenso wichtig geworden sind wie die Institutionen. Das ist mit ein Grund, daß sich Institutionen wie Ehe und Familie verändern und daß sich ihnen gegenüber ein neues Verhältnis der Veränder- und Machbarkeit entwickelt. Das heutige Paar ist rechtlich gleichgestellt, und die Partner begegnen sich auf der Horizontale ihrer Gleich-Wertigkeit bei Unterschiedlichkeit der Geschlechter und der Personen. Die Kinder bilden als Geschwister eine weitere generationelle Horizontale. Im familiären Aushandeln mag es Momente geben, wo die beiden generationellen Horizontalen situativ zu einer einzigen familiären Horizontale werden, ohne daß dabei verleugnen zu müssen, daß die Wahrung der Generationen- und Verantwortungsgrenzen ihren identitätsstiftenden Sinn für die Erwachsenen wie für die Kinder hat.

Es wird heute vermehrt zur Kenntnis genommen, daß Geschwister und Gleichaltrige untereinander und in Nachbarschaften, Schulen und Gruppen ebenso prägend voneinander lernen wie von den Eltern und Älteren. Wir beginnen heute nach Ludwig Hohl „etwas vom Schwersten: die Zahl Zwei zu denken", nämlich die Vertikale der Eltern-Kinder-Beziehungen und die Horizontalen der Geschwister und Peergroups und des Paares als gleichwertige Dimensionen nebeneinanderzustellen. Wenn Frau und Mann als auch Eltern und Geschwister als Gleichwertige miteinander verkehren, wird ein anderer Geist spürbar als im traditionellen, vertikal vorgegebenen Familiensetting. Es ist ein Anliegen der vorliegenden Ausführungen, diesen anderen Geist, der durch das Die-Zahl-Zwei-Denken entsteht, spür- und erfahrbar zu machen.

Die Erkenntnis der „vaterlosen Gesellschaft" verdanken wir Mitscherlich. Er hat die Erosion der väterlich-patriarchalischen Herrschaft umfassend dargestellt und erkannt, daß sie vorerst zu einem Vakuum und nicht zu einer „Geschwistergesellschaft" führt. „Der Weg in die vaterlose Gesellschaft ist vorerst weit wirkungsvoller gelenkt von regressiven Ängsten als von kritischer Einsicht" (Mitscherlich 1963, S. 366). Die Erosion des vertikalen Prinzips läßt nun nach jenen Möglichkeiten des Lernens fragen, in denen die Gleichwertigkeit und Gleichberechtigung der einzelnen eine zentrale Größe bilden. Eine wichtige Voraussetzung dafür ist der auf das Geschwisterliche, die Horizontale sensibilisierte Blick sowie die

Möglichkeit, die eigenen Anliegen in Worte zu fassen und mitzuteilen. Von Matts Literaturanalysen von „verkommenen Söhnen und mißratenen Töchtern" zeigen, daß die Eltern bis in die jüngste Zeit sehr schwach sein müssen, um von ihren Kindern als Gleichwertige erlebt zu werden. Vielmehr kippt die Bewunderung in der Vertikalen in ihr Gegenteil. „Den Mantel, den der Vater als stürzender Herrscher verloren hat, bekommt er als armer, frierender Mensch, als Gleicher aus der Hand eines Gleichen wieder zurück. Fast wäre man versucht zu sagen: von einem Bruder" (von Matt 1995, S. 356).

Hier sei nochmals an Mitscherlich erinnert, der darauf hinweist, daß es keine Humanität – und in Ergänzung: keine Horizontale – von instinktiver Qualität gibt. Vielmehr ist die Frage, wie sich menschliche Beziehungen auf eine Art und Weise gestalten lassen, die nicht Dominanz und Unterwerfung bedeutet. Ein Weg führt über die gegenseitige Anerkennung in Geschwister- und Peerbeziehungen, über das Erschließen geschwisterlicher Räume.

Eine afrikanische Fabel kann uns in der Betrachtung der Horizontale weiterführen.

Vor langer Zeit einmal begegneten sich Leopard und Schildkröte zufällig auf einer einsamen Straße. Aha, sagte der Leopard, der seit langem versucht hatte, die Schildkröte zu fangen, endlich! Mach dich zum Sterben bereit! Und die Schildkröte sagte: Darf ich dich um eine Gunst bitten, ehe du mich tötest? Der Leopard hatte nichts dagegen einzuwenden und stimmte zu. Gib mir ein paar Augenblicke, um mich auf den Tod vorzubereiten, sagte die Schildkröte. Und wieder hatte der Leopard nichts einzuwenden und gewährte ihr den Wunsch. Doch anstatt stillzustehen, wie es der Leopard erwartet hatte, begann sich die Schildkröte mitten auf der Straße seltsam zu gebärden – mit Händen und Füßen kratzte und scharrte sie auf der Straße und warf den Sand wie wild nach allen Seiten um sich. Warum tust du das? fragte der verwunderte Leopard. Die Schildkröte antwortete: Weil ich will, daß die Leute, wenn sie nach meinem Tode hier an dieser Stelle vorübergehen, sagen: Ja, hier haben zwei gekämpft, die sich ebenbürtig waren (Achebe 1994).

Die Schildkröte scharrt nach Kräften, nicht um ihr Leben, denn der Leopard ist der Stärkere. Sie kämpft für ihre Anerkennung, für ihre Ebenbürtigkeit. Die Schildkröte stirbt einen würdigen Tod, denn sie hat gekämpft, aber es ist noch nicht die volle Würde im Leben. Diese ist eine Verheißung aus der Perspektive der Horizontale, die weder bei den Geschwistern noch im Leben von vornherein gegeben ist. Die Fabel zeigt auf, daß die Gleichwertigkeit bis zu einem gewissen Punkt herstellbar ist. Wir können uns jetzt vorstellen, daß die Schildkröte den Leoparden in einen langen intensiven Dialog über die Ebenbürtigkeit einbezieht, der so endet, daß beide am Schluß friedlich ihrer Wege gehen.

Geschwisterliches

Es kann nach neueren Forschungen von einer primären positiven Bezogenheit, einer Neugier, etwas Begehrlichem, Liebevollem unter Geschwistern ausgegangen werden (Petri 1994; Sohni 1994; Ley 1995). Solche Ergebnisse stehen der bisherigen Tradition der vorherrschenden Geschwisterrivalität entgegen, gewinnen aber mehr und mehr an Plausibilität. Ein älteres Geschwister identifiziert sich zutiefst mit einem jüngeren, das zur Welt kommt. Die Identifikation kann (muß nicht) einen bedrohlichen regressiven Sog ausüben, wo doch das Ältere schon größer ist, vielleicht bereits gehen und sprechen kann und unbewußt-identifikatorisch darum fürchten kann, diese Fähigkeiten wieder zu verlieren. Es ist dann die zentrale Aufgabe der Eltern, dem älteren Geschwister zu zeigen, daß es das Jüngere lieben kann, ohne sich identifizieren und gleichwerden zu müssen (Dolto 1988). Gleichwerdung und Gleichwertigkeit sind nicht dasselbe.

Kinder spiegeln sich ebenso im Glanz der Augen der Eltern wie im Glanz der Augen der Geschwister. Das Spiegeln ist elementar zur Konstitution des Selbst und ermöglicht ein Heraustreten aus der Fusion mit der Mutter. Geschwister können da unter Umständen eine lebensrettende Rolle spielen. Wichtig ist, daß die Eltern das zulassen und die Geschwister nicht spalten müssen, um Oberhand zu behalten (Sohni 1994). Feindseligkeit und Rivalität, die oft bei Geschwistern als erstes betont werden, sind meist eine Verleugnung der liebevollen Bezogenheit auf die Geschwister. Das Überwiegen von Neid, Haß und destruktiver Rivalität hängt in starkem Maß mit dem elterlichen Einfluß zusammen. Es sind erst sekundär Gefühle, die aus den Geschwisterkonstellationen (Position, Rang, Anzahl, Altersabstand, Geschlecht) entstehen.

Geschwister sind „Übergangsobjekte“ (Wellendorf 1995), Figuren zwischen den Eltern und späteren Freunden, Freundinnen, Kollegen, Kolleginnen, Geliebten. Mit Bruder und Schwester werden Probeläufe für die große Erweiterung der Lebensbühne durchgeführt, und zwar in der ganzen Vielfalt geschwisterlicher Gefühle von Liebe und Haß, Begehren und Ablehnung, konstruktiver und destruktiver Rivalität.

Geschwisterbeziehungen spielen lebenslang eine prägende Rolle. Sie können aktuelle Beziehungen belasten oder Partnerschaften behindern. Ihre Bearbeitung ist oft Thema in Therapien und Gruppen mit Menschen im mittleren Lebensalter (Ley 1995). Diese Lebensphase ist auch die Zeit der Abschiede, wenn die Mütter- und Väterfiguren im familiären und übertragenen Sinn älter werden und sterben, und die Auseinandersetzungen mit den Gleichaltrigen, in der Horizontale, und mit dem eigenen Älterwerden immer wichtiger werden. Die früher (über)lebensnotwendigen Abgrenzungen sind nicht mehr so wichtig, weil die eigene Identität gefestigter ist. Deshalb wird im mittleren Erwachsenenalter eine Wiederannäherung auf der Anerkennung der Gleichwertigkeit unter Geschwistern möglich (Petri 1994). Die geschwisterliche Horizontale bedarf immer wieder der Beziehungsgestaltung.

Die Horizontale in der Psychotherapie

Im folgenden wird der Frage nachgegangen, wie die Räume und Stimmen der Horizontale in die Psychotherapie übertragen werden können. Am naheliegendsten ist der Einstieg in die Arbeit mit Gruppen. Der Beginn einer Gruppe läßt sich mit der Entstehung einer Geschwistergruppe vergleichen, in der die Geschwister zueinander gefunden haben, ohne sich auszuwählen; wo sie eine Weile beisammenbleiben, indem der Charakter einer Interessengemeinschaft sich auf freiwilliger Basis allmählich mit emotionalen Beziehungen verbinden kann. Wichtig erscheint dabei das Teilhaben auf der Horizontale, in ähnlichen Generationen und Lebenssituationen. Es ist eine Suche nach Mit-Teilen und Zuhören und Verstehen. Man schaut um sich herum, links, rechts, nach vorn und hinten – und nicht hinauf oder hinunter. Es geht um den schweifenden, wohlwollenden Blick.

Dabei spielt die Haltung der Gruppenleitung eine wesentliche Rolle. Sie hat auf die Teilnehmer und Teilnehmerinnen als Gruppengeschwister eine ähnliche Auswirkung wie die Eltern auf die Geschwister. Die entscheidende Frage lautet: Wieviel wird den Geschwistern zugetraut? Liegt die Stärke und Gesundheit in der Gruppe oder meint die Gruppenleitung, sie müsse Stärke und Gesundheit verkörpern? Geschwisterlichkeit kann in einer Gruppe nur erlernt und geübt werden, wenn sich der Leiter oder die Leiterin auch zur Gruppe zugehörig fühlt, also mit der inneren Haltung gleichzeitig in der Horizontale und Vertikale präsent ist und somit „die Zahl Zwei" zu denken vermag. Es geht um einen neuen Blick auf die Gruppe, wenn die Leitung weiß, daß die Stärke und Gesundheit der Gruppe in der Gruppe entstehen muß. Die Vertikale hat meist ein Interesse an der Erhaltung ihrer Position, Stellung und Macht. So ist es als Stärke der Gruppenleitung zu bezeichnen, wenn sie der Gruppe soviel überläßt, wie die Gruppe aus eigener Kraft schaffen kann. Scheinbar paradox bedeutet das auch, daß sie ohne Leitung auskommt, selbst wenn die Leitung präsent ist. Keine Eltern und keine Therapeutin schaffen es, das Kind beziehungsweise das Gruppenmitglied perfekt beziehungsweise geheilt zu entlassen. Es geht um das Vertrauen der Leitung in die Kraft und Gesundheit der Horizontale.

Solche Gruppen sind für viele Menschen eine neue Erfahrung, weil sie in ihrem bisherigen Leben fast nur das vertikale Erleben kennen; sie leiden unter Höhergestellten, Vorgesetzten, Mächtigen und kennen nur die Ohnmacht oder auch die Macht gegen unten. Die mögliche Horizontale wird in die Vertikale eingeordnet. Vor allem in der Psychotherapie mit suchtgefährdeten und süchtigen Menschen bedarf es einer sehr langen und geduldigen Arbeit, bis die Wahrnehmung der Ebenbürtigkeit und der Anerkennung unter Umständen möglich wird. Immer wieder dominieren die Blicke nach oben und unten und verstellen den schweifenden Blick in der Horizontale. Er ermöglicht erst ein Überwinden vorschnellen Interpretierens aller Konflikte als Ausdruck von Autoritäts- und Abhängigkeitsproblemen mit den Eltern und eröffnet damit neue Begegnungen und Lebensperspektiven im horizontal Geschwisterlichen.

Diese Perspektive läßt sich auch auf das Leiten und Führen übertragen. Das horizontal orientierte Leiten und Führen (beispielsweise in einer Klinik, bei einer Tagung) basiert auf dem Teilen von Macht und einem Führungsverständnis, das auf Mitdenken und Mitverantwortung, auf der Stärke und Gesundheit der Gruppe gründet. Die Leitung ist Teil eines Geflechts und nicht primär Teil einer Hierarchie. Sie anerkennt die prinzipielle Gleich-Wertigkeit aller Personen und Tätigkeiten, fördert Eigeninitiative und Selbstverantwortung. Ein horizontal orientierter, partizipativer Führungsstil kann fälschlicherweise als Führungsschwäche ausgelegt werden, weil das neue Rollenverständnis der Leitung und die Entwicklung von Eigeninitiative und Verantwortung im Team anspruchsvolle Aufgaben darstellen. Noch sind wir im horizontalen Geschehen wenig geübt.

Wir wenden uns wieder den therapeutischen Beziehungen in Gruppen und auch im Zweiersetting zu. Das Bereithalten des horizontalen Raumes bedeutet meines Erachtens für die Therapeutenperson das Wissen darum, daß jeder Klient/Patient auf der unbewußten Suche danach ist, was er oder sie braucht. Es ist ein Prozeß der unbewußten Hoffnung auf eine Anerkennung unterdrückter Bedürfnisse, eine Suche nach der Mitteilung und dem Verständnis von Gefühlen, die bisher unerkannt geblieben sind. Das Wissen der Therapeuten, was für die Klienten gut ist und was sie brauchen, gehört zum vertikalen Verständnis.

In den letzten Jahren haben sich zunehmend Psychotherapie- und Psychoanalysevertreter dafür eingesetzt, daß Analytiker weder an Autorität noch an Wirksamkeit verlieren, wenn sie ihre Patienten und Patientinnen gleich-wertiger am therapeutischen Prozeß teilnehmen lassen. So schreibt Léon Wurmser in einer Besprechung neuerer Studien über die Scham, daß in der Psychoanalyse sowohl theoretisch als auch technisch beeindruckende Veränderungen sichtbar werden: „Die Veränderungen beziehen sich auf eine viel größere Beachtung von Takt, die Vermeidung impliziter oder expliziter Urteilssucht (Richtet nicht, auf daß ihr nicht gerichtet werdet!) und damit mehr und mehr auf die Arbeit auch mit Patienten, die zuvor als nicht analysierbar gegolten haben" (Wurmser 1997). Das sind neuere Töne in der Psychoanalyse.

Stavros Mentzos bemerkt, daß der zentrale psychische Konflikt, aus dem sich alle anderen ableiten lassen, nicht der ödipale, sondern der Abhängigkeit-Autonomie-Konflikt sei, neben dem der ödipale Konflikt seine einmalige Bedeutung durchaus behalte. Ein Leben lang geht es in immer neuen Sequenzen um Abhängigkeit und Autonomie. Derselbe Autor beschließt sein Buch über neurotische Konfliktverarbeitung (Mentzos 1989) mit einem Plädoyer für Selbsthilfegruppen als „neuartige Institution sui generis, die vielleicht besser in der Lage ist, dem notleidenden Menschen der spätindustriellen Gesellschaft Hilfe zu leisten als die staatlich organisierte Versorgung oder andere überholte oder ohnmächtige Institutionen" (Mentzos 1989, S. 292). Man ist geneigt hinzuzufügen, daß Selbsthilfegruppen der geschwisterlichen Art wirksamer sind als das vertikal geprägte Zweiersetting.

Der Säuglingsforscher Daniel N. Stern, der aufgrund seiner Forschungen den Säuglingen eine „enorme Beziehungsfähigkeit und Beziehungsstiftung" zuerkennt, verabschiedet das vertikale Modell des kompetenten Erwachsenen und des passiven Kindes: „Wo vornehmlich die Interaktion zwischen zwei Menschen interessiert, wird der Reifegrad dessen, was jeder Partner zu der Interaktion beiträgt, zu einer zweitrangigen Frage." Diesem Plädoyer für eine ebenbürtige Beziehung zwischen Eltern und Säuglingen folgt der Hinweis, daß sich Rat suchende Betreuungspersonen nicht auf Autoritäten verlassen sollen, sondern auf bewußtseinsstärkende Gleichaltrigengruppen von Betreuungspersonen (Stern 1994).

Es sei Christa Rohde-Dachser erwähnt, die eine Neubewertung des Beziehungsaspekts in der Pychoanalyse und eine zunehmende Gewichtung des Hier und Jetzt in der therapeutisch-analytischen Beziehungssituation theoretisch und technisch begründet (Rohde-Dachser 1994). Diese Beispiele zeigen den Geist dessen auf, was hier im Rahmen des Geschwisterlichen und der Horizontale entworfen und beschrieben wird. Es bedeutet zum einen, daß im Verlauf jedes Lebens immer wieder dasselbe Thema von Abhängigkeit und Autonomie unter verschiedenen Aspekten durchgearbeitet wird und letztlich keine Entwicklungsstufe endgültig überwunden ist (Loewald 1980). Zum andern bedeutet die Umsetzung dieser Erkenntnis eine Haltung des Psychoanalytikers gegenüber dem Klienten, die von Achtung, Vertrauen und Anerkennung der Gleichwertigkeit geprägt ist. Nicht mehr das autonome Selbst wird letzte Größe der Psychotherapie, sondern der wohl autonome, aber vor allem beziehungsfähige Mensch. Psychotherapeuten ermöglichen im horizontalen Geist den Dialog, der die Anerkennung der Gleichwertigkeit voraussetzt und ermöglicht. Diesen Geist soll eine weitere Fabel verdeutlichen:

Ein Mensch ging zu einem Berg und sagte: Was für ein Narr du doch bist, oh Berg, du kennst weder deine Größe, noch deine Höhe, noch dein Gesicht. Ich aber weiß alles über dich. Der Berg überlegte ein Weilchen und sagte dann: Es stimmt, daß ich dies nicht weiß; aber ich, ich bin der Berg (indisch). Es scheint naheliegend, daß der Berg zum Dialog bereit ist, wenn er die notwendige Anerkennung erhält.

Vertikale (Mutter- und Vater-)Übertragungen kennzeichnen die Anfangs- und Hauptphase von Therapien und Analysen. So wie die Gruppenleiterin durch ihre innere Ausrichtung darauf, daß die Gesundheit in der Gruppe liegt, den Raum für die Entwicklung von Beziehungen schafft, die die Anerkennung der Gleichwertigkeit bedeuten, so hat der Einzeltherapeut durch seine innere Haltung den Raum bereitzuhalten für immer horizontaler werdende Beziehungsmöglichkeiten.

Der Zürcher Arzt Fritz Morgenthaler war ein Analytiker mit einer solchen Haltung. So hat er eine Traumerzählung in einer Analysestunde „in erster Linie als Geschenk des Analysanden an den Analytiker" verstanden, als einen „Vorgang, der beiden emotional nahegeht. Der Analytiker muß in der Lage sein, sich emotional auf dieses Geschenk einzulassen, und es gleichzeitig zulassen können, daß er zunächst gar nicht versteht, was da geschieht" (Morgenthaler 1978). Diese Offenheit für das unverständlich Scheinende sowie die Bereitschaft, das Fremde anzuerkennen und sich dem Neuen zu überlassen, machen meines Erachtens den Kern der horizontalen Haltung aus. Der schnelle Griff nach Theorien und Erklärungen hat zu oft die Funktion, sich vor dem Unverständlichen und der Unsicherheit zu schützen. Damit die Stimmen der Horizontale sich erheben und austauschen können, haben sich beide Seiten vorerst dem Unbekannten und der Sprachlosigkeit auszusetzen. Daraus entsteht im Rahmen des beidseitigen Gesprächs, im Symbolisieren, das gemeinsame Begreifen und Formulieren des zuvor Unverständlichen. Das sind die Stimmen der Horizontale.

Es ist derselbe Morgenthaler, der von einer langjährigen Analyse mit einem Schwachsinnigen berichtet, an der er, der Analytiker, fast verzweifelt ist – bis nach vielen Jahren dieser junge Mann in einer Stunde fassungslos zu weinen beginnt, weil er jetzt begriffen hat, daß er schwachsinnig ist. Dieses Begreifen hat ihm möglich gemacht, eine Gärtnerlehre zu beginnen und von seinen Möglichkeiten her ein guter Gärtner zu werden. Er konnte in diesen offenen Raum hineinwachsen, den sein Analytiker in allen diesen Jahren unablässig für ihn offengehalten hat (Morgenthaler 1978).

Frau P., Mitte vierzig, Lehrerin, hat in einer vierjährigen Behandlung ihre Elternbeziehungen und die Beziehung zum jüngeren Bruder durchgearbeitet. Sie kannte in ihren lebenswichtigen familiären und Liebes-Beziehungen nur vertikal geprägte Muster. Sie war nicht gewohnt, ihren eigenen Selbstwert zu spüren und in Beziehungen einzubringen. Ihr Leben war dementsprechend öde und grau. Sie hat dann nach intensiven Therapiejahren zunehmend geäußert, daß sich mit dem „Oben-Unten" Veränderungen abzeichnen: die Versöhnung mit den (toten) Eltern, das Erleben des Bruders als Gleichwertigen wie sie selbst, ebenso das neue Erfassen des Freundes, dem sie sich nun nicht mehr wie früher unterwerfen muß, weil er ihre Versuche, ihm als Partnerin zu begegnen, schätzt und anerkennt. Sie kann sich nun auf eine ihr bisher unbekannte Art in Freundschaften und Gruppen einbringen. Es wird auch zunehmend deutlich, daß sie sich auf einer gleichen Ebene fühlt mit der Therapeutin, was für sie eine völlig neue Erfahrung darstellt. Sie kann sich auch erstmals vorstellen, ohne Therapie weiterzugehen. Die Unterwürfigkeit zeigt sich in den Stunden kaum mehr, und wenn überhaupt, in sehr abgeschwächter Weise, die ihr auch jedesmal sehr schnell bewußt wird. In dieser Phase kann sie frühere und heutige Erlebnisse für ihr neues Selbstgefühl nutzen. Die geschwisterliche Ressource wird ein erlebbarer Wert für sie. Erstmals kann sie auf eine fruchtbare Art mit der Therapeutin und mit anderen rivalisieren und ihren eigenen gewachsenen Selbstwert spüren. Die Stunden mit ihr werden leichter und oft bei allem Ernst spielerisch.

Wissen wir eigentlich, was in einer therapeutischen Begegnung heilend wirkt? Klienten und Patienten erzählen uns diesbezüglich manchmal erstaunliche Dinge. Nach meinen Erfahrungen ist der geschwisterlich-horizontale Raum, den die Therapeutin bereithält, ein wichtige Voraussetzung für eine entwicklungsfördernde Begegnung. Das Durcharbeiten der Übertragungen als Prozeß von einer Vertikale zu einer Horizontale bedarf von Anfang an der Bereitstellung des horizontalen Raumes. Wenn die Klienten unsere Praxis aufrechten Ganges verlassen, ihres eigenen Wertes bewußt, ohne sich ducken und niederwerfen zu müssen und ohne auf andere hinabzuschauen, wenn ihr Blick ein kreisender, schweifender, wohlwollender geworden ist, dann ist unsere Begleitung nicht mehr notwendig.

Der Schweizer Schriftsteller Gerhard Meier, der für mich ein klares Gespür für die Anerkennung der Gleichwertigkeit besitzt, verfolgt in seinem Schreiben diese Gleichwertigkeit aller Dinge, eine Anteilnahme ohne Zudringlichkeit, Anstand und Abstand, eine Aufmerksamkeit ohne zuviel Neugier, den Respekt vor dem anderen, eine Zuneigung ohne Inbesitznahme und das Wissen um Schönheit und Grausamkeit auf dieser Welt (Meier 1991). Man könnte dies als eine horizontale Haltung bezeichnen. In der zeitgenössischen Literatur und Kunst ist sie meines Erachtens zunehmend spürbar und erkennbar, und zwar ungleich deutlicher als in den Wissenschaften, die sich mit dem horizontalen Denken schwertun.

Vertikale Identifizierungen setzen „den Vater", „die Mutter" voraus und werden zu ihrer Zeit durch Identifizierungen in der horizontalen Ebene ergänzt und abgelöst. Die Psychotherapie stellt eine Brücke zu den Räumen der Horizontale dar, die überschritten werden will. Selbstvertrauen, Konfliktfähigkeit und eine gelassene, neugierige Offenheit und Toleranz gehören zum Weggepäck. Neue Autoritäten ergeben sich aus dem horizontalen Messen der Kräfte. Nicht zu unterschätzen sind dabei die alten Autoritäten, die institutionalisierten Mächte in Familie und Gesellschaft, die immer noch durch ihre Prägungen die Permanenz des infantil natürlichen Gehorsams auf Lebenszeit erweitern wollen, statt sich auf seine Überwindung zur Selbstverantwortung unter „Brüdern", Gleichverantwortlichen, (ich ergänze „Schwestern", die Verf.) vorzubereiten (Mitscherlich 1963).

Die Erziehung und Selbsterziehung zur verbindlichen Kommunikation und Beziehung auf der horizontalen Ebene (sei es in der Familie, im Paar, unter Geschwistern, zwischen Alten und Jungen, in der Psychotherapie) sind heute ein eminent wichtiges Anliegen. Ich erweitere die Notwendigkeit der horizontalen Kommunikation hier auch auf die Beziehung zwischen den Generationen. Es darf nicht bei der Geschwisterohnmacht bleiben, wenn die Eltern Dummheiten begehen. Es besteht eine Notwendigkeit, konstruktiv ungehorsam zu sein, unermüdlich zu fragen und dann zu prüfen, ob die Antworten überzeugen. Dann wird auch eine generationenübergreifende Horizontale möglich, die H. W. Loewald im Dialog von versöhnten Eltern und Kindern umschreibt: „Was übrig bleibt, wenn alles gut geht, ist Zärtlichkeit, gegenseitiges Vertrauen und Achtung – die Zeichen der Gleichheit" (Loewald 1980, S. 384). Diese Gleichheit als Gleichwertigkeit, die erst Solidarität ermöglicht, setzt die Versöhnung mit den internalisierten Eltern und Geschwistern voraus. Diese Versöhnung hat – unter anderem – auch in der Psychotherapie zu geschehen.

Freud hat die Trieb- und Affektentwicklung des Menschen in der Vertikale der patriarchalischen Familie verfolgt. Das kann man ihm für den Anfang des Jahrhunderts nicht verargen. Nimmt man heute die Horizontale dazu und bezieht damit das eminent Prägende mit ein, das das Kind in seiner Trieb- und Affektentwicklung im Geschwisterlich-Familiären und im Gleichaltrigenkreis erlebt, kann eine zweifache Triebentwicklung angenommen werden. In der einen steht die Autonomie des Individuums und in der anderen die Beziehungs- und Konfliktfähigkeit im Vordergrund. In Wirklichkeit sind diese beiden Entwicklungsstränge eng miteinander verknüpft. Die menschliche Entwicklung entfaltet sich immer in individueller und in sozialer Hinsicht. Es gibt orale, anale und weitere und vielleicht auch ganz andere, neue Modalitäten der Gruppenbeziehungen, innerhalb welcher sowohl die Geschwister wie die Eltern-Kind-Beziehung ihren Platz finden. Ähnliches gilt für die psychotherapeutische Beziehung. Im besten Fall ergeben sich daraus weniger starre Rollenprägungen, mehr kritische Toleranz und weniger unbewußte Ambivalenz als bisher. Diese Entwicklung läuft ganz im Sinne der Gedichtpassage des türkischen Poeten Nazim Hikmet, daß sich jeder Mensch „einzeln und frei wie ein Baum, und ‚geschwisterlich' wie ein Wald" fühlen darf.

Auch hier geht es wiederum darum, die Zahl Zwei zu denken: das Individuelle und das Soziale, die Vertikale und die Horizontale, das Sowohl-als-Auch von Anerkennung der Gleichwertigkeit und von Differenz.

Literatur

Achebe, C. (1994): Termitenhügel in der Savanne. Frankfurt a. M.

Dolto, F. (1988): Über das Begehren. Stuttgart.

Ley, K. (Hg.) (1995): Geschwisterliches. Jenseits der Rivalität. Tübingen.

Loewald, H. W. (1980): Psychoanalyse. Aufsätze aus den Jahren 1951–1979. Stuttgart.

Matt, P. von (1995): Verkommene Söhne, mißratene Töchter. Familiendesaster in der Literatur. München/Wien.

Meier, G. (1990): Land der Winde. Roman. Frankfurt a. M.

Mentzos, S. (1989): Neurotische Konfliktverarbeitung. Frankfurt a.M.

Mitscherlich, A. (1963): Auf dem Weg zur vaterlosen Gesellschaft. München.

Morgenthaler, F. (1978): Technik. Zur Dialektik der psychoanalytischen Praxis. Frankfurt a. M.

Petri, H. (1994): Geschwister – Liebe und Rivalität. Zürich.

Rohde-Dachser, C. (1994): Im Schatten des Kirschbaums. Psychoanalytische Dialoge. Bern/Göttingen/Toronto/Seattle.

Sohni, H. (1994): Geschwisterbeziehungen: Die Einführung der horizontalen Beziehungsdynamik in ein psychoanalytisches Konzept „Familie". Prax. Kinderpsychol. Kinderpsychiatr. 43: 284–295.

Stern, D. (1994): Mutter und Kind. Die erste Beziehung. Stuttgart.

Wellendorf, F. (1995): Zur Psychoanalyse der Geschwisterbeziehung. Forum Psychoanal. 11: 295–310.

Wurmser, L. (1997): Scham (Buchbesprechungen). Psyche 51: 1190–1198.

Mathias Hirsch

Psychodynamik und Identitätsschicksal des Ersatzkindes*

Summary: The Psychodynamics and Fate of Identity of the Substitute Child

In the eyes of the parents „substitute children" replace siblings which died before their own birth or at a very early age when the parents did not mourn the loss enough. The identity development is impaired by the child constantly being compared to the idealized dead sibling and being required to live up to the siblings's unrealistic image. This way a foreign introjection develops in the self of the substitute child which is similar to the haunting ghosts and undead in mythology and leads to the child constantly searching for its own identity and that of the deceased sibling. The introjection furthermore causes guilt feelings, a basic feeling of guilt because of the own fundamental „false" mode of being and often drives the substitute child a life long to achieve an unknown identity which meets the parents' phantasmatic, conscious or hidden ideas.

Der Tod eines Geschwisters kann ganz verschiedene Bedeutungen und Wirkungen haben, je nachdem, ob bereits eine Beziehung zu ihm bestanden hat oder nicht. Im ersten Fall ist es die Aufgabe auch des kleinen Kindes,

---

* Veränderte Fassung eines Kapitels aus: Hirsch, M. : Schuld und Schuldgefühl – Psychoanalyse von Trauma und Introjekt. Vandenhoeck & Ruprecht, Göttingen, 1997

durch Trauerarbeit die Beziehung zu lösen, um zu sich selbst zu kommen, und das aus Aggression und Neid, auch durch die kindlichen Todeswünsche entstandene Schuldgefühl zu verringern oder zu verlieren. Je mehr die Umgebung, allen voran Vater und Mutter, ihrerseits zu trauern in der Lage sind, um so eher kann es auch das Kind. Ganz anders verhält es sich mit dem Tod eines Geschwisters zu einer Zeit, als das überlebende Geschwister noch gar nicht geboren oder so jung war, vielleicht ein Säugling noch, daß es keine wirkliche Beziehung zum verstorbenen Geschwister hatte entwickeln können. Die dann entstehenden Folgen müssen ihm vermittelt worden sein durch die Menschen, die eine Beziehung zu dem verstorbenen Kind hatten und den Verlust nicht genügend bewältigt hatten, so daß sie das lebende Kind verwenden, um ihn nicht wirklich (affektiv) wahrhaben zu müssen. In gewisser Weise muß das lebende das gestorbene Kind ersetzen, es bekommt die Identität eines anderen verschrieben, implantiert, ohne zu wissen, was ihm geschieht.

Das Phänomen „Ersatzkind" übt eine eigenartige Faszination aus, und das liegt wohl daran, daß das Introjekt, das im Kind entsteht, den Charakter des Unheimlichen trägt. Es ist nicht zu greifen, entzieht sich der Analyse, es nimmt einen Raum im Selbst ein, der fremdartig wirkt. Das Phänomen des Ersatzkindes ist der Beweis, daß im Kind psychische Gebilde entstehen können, an denen es selbst und seine Triebe nicht mitgewirkt haben können, da ein Ereignis *vor* der Existenz des Kindes wirksam wurde. Das Kind ist „unschuldig"; und doch fühlt es sich schuldig – jedes Introjekt macht Schuldgefühle.

Ein Einzelkind kann die omnipotente Phantasie entwikkeln, selbst verursacht zu haben, daß die Eltern keine weiteren Kinder haben, auch ohne daß zuvor ein Geschwister gestorben ist. Eine solche Phantasie macht bereits Schuldgefühle, als ob alle denkbaren Geschwister in einem siegreichen Kampf intrauterin im Keime erstickt worden wären, wie es Arlow (1972) berichtet. Wenn schon Schuldgefühle entstehen wegen der Phantasie, die bloß *möglichen* Geschwister beseitigt zu haben, um wieviel mehr dürfte ein tatsächlicher Tod

Schuldgefühle machen, auch wenn er vor der eigenen Geburt eingetreten ist. Nur: Offene Mitteilungen der Eltern gab es nicht. Oder es gab sie, aber sie hatten keine affektive Entsprechung, als ob es sie auch wiederum nicht wirklich gegeben hätte. Sie werden als bloße Informationen oft wieder vergessen. In einer klassischen Arbeit haben Cain und Cain (1964) die Grundzüge der Dynamik des Ersatzkindes aufgezeigt: Die Bindung der Eltern an das verlorene Kind und ihre Sehnsucht nach ihm bleiben intensiv, das Ersatzkind wird in eine Welt von Depression und Sorge hineingeboren. Seine „Existenz ist fast ausschließlich als Teil des Versuchs [der Eltern] zu sehen, das verlorene Objekt zurückzuhalten oder wiederzugewinnen" (S. 453), und die Beziehung zu ihm wird überschattet vom Bild des verlorenen Kindes. Die Autoren übersetzen das Unbewußte der Eltern in eine sekundärprozeßhafte Sprache, und dabei erscheint eine Schuldzuweisung, die genau dem späteren Schuldgefühl des Kindes entspricht: „Das neue Kind ist *anstelle* unseres toten Kindes am Leben. Es hat *seinen Platz eingenommen*. Dieses Kind ist nicht unser totes Kind, [aber] es sollte es sein, es ist seine Schuld, daß es es nicht ist ... Es ist verantwortlich für *all* das, es ist *ganz seine Schuld*" (S. 448).

Ein junger Mann, Beatus C., befand sich seit langem in analytischer Therapie; er litt unter einer schweren chronischen entzündlichen Darmerkrankung. Er machte einen weichen, „femininen" Eindruck, und sein Vorname, Beatus, war für einen männlichen Namen in der Gegend, aus der er stammte, recht ungewöhnlich; man dachte gleich, ob er wohl eine „Beate" hätte sein sollen. Die Darmerkrankung machte ihn fast lebensunfähig, mit aller Kraft und der Hilfe der Therapie konnte er sich in seinem Studium mühsam von Prüfung zu Prüfung arbeiten, konnte nicht verreisen, keine Jobs annehmen, mußte immer Ärzte aufsuchen, die er allerdings allzu häufig gegeneinander ausspielte. Die andere große Schwierigkeit lag in seinen Beziehungen zu Mädchen, die entweder, selten genug, kameradschaftlichen Charakter hatten oder Sehnsuchtsbeziehungen zu unerreichbaren Liebesobjekten waren, die er aus der Ferne begehrte, ohne je mit ihnen zu sprechen. Der elementare Charakter der lebenseinschränkenden Kraft machte Herrn C. und den Therapeuten immer wieder mutlos und ratlos; es war, als ob alle durchaus berechtigten psychodynamischen und familiendynamischen Zusammenhänge keine verändernde Kraft entfalten konnten. Als *bloße Information* hatte Herr C. in den Vorgesprächen angegeben, daß die Eltern ein erstes Kind gehabt hatten, das vor seiner Geburt gestorben war – selten erinnerte er sich in den Jahren der Therapie daran, und auch der Therapeut fand keine rechte Verbindung zwischen Lebenseinschränkung und diesem unbekannt-bekannten Tod. Der Gedanke lag nahe, daß Herr C. ein *Mädchen* hätte ersetzen sollen, aber die Eltern berichteten, nachdem er sie gefragt hatte, es sei ein Junge gewesen. Herr C. fragte sich, ob die Eltern unfähig gewesen seien, überhaupt einen Jungen zu haben oder ob sie wegen des Todes des ersten Jungen unbewußt gemeint haben könnten, daß auch er aufgrund seines Geschlechts gefährdet sei, so daß sie ihn eher als Mädchen behandelten. „Warum hat es *mich* so (mit der Krankheit) getroffen, warum nicht meine Schwestern? Die haben alle ihren Führerschein gemacht, sausen in der Gegend herum und haben Beziehungen!" Wann seine Krankheit angefangen habe, fragt jemand aus der Gruppe. Es war direkt nachdem er gegen den Willen der Eltern nicht an einer kirchlichen, sondern an einer staatlichen Hochschule zu studieren angefangen habe, um nämlich in der Nähe des Mädchens zu sein, das die Eltern ablehnten. Aber nie habe er eine „richtige" Freundin gehabt, nie mit einer Frau geschlafen.

Als ob die männliche Identität erst die Ablösung so gefährlich machte; der Eintritt eines wirklichen Fortschritts in der Therapie wird wohl davon abhängen, ob die schweren Schuldgefühle, *als Mann* leben und sich ablösen zu wollen, als Affekt hergestellt und Angst, Wut (auf die behindernden Eltern) und Trauerarbeit (über das gestorbene Geschwister), die eigentlich die Eltern hätten leisten sollen, erlebt werden können.

Ähnlich berichtet auch Cournut (1988) über „Analysen, die so lange stagnieren, bis sich ein unbekannter oder verkannter Todesfall offenbarte, ... der sich vor der Latenzperiode des Patienten ereignete, in zeitlicher Nähe seiner Geburt oder sogar vorher, nicht den Vater oder die Mutter betreffend, sondern einen Großelternteil oder ein älteres Geschwister, das früh verstarb" (S. 76). Aus nebenbei gemachten Bemerkungen wie: „Ich glaube, meine Mutter hatte einen Sohn vor mir, aber er starb vor meiner Geburt, ich habe ihn nicht gekannt" (S. 77) schließt Cournut, „daß ein Toter umherirrte, von dem niemand etwas wissen wollte" (S. 76).

Die Mutter einer Patientin, Angelika, hatte ihr schon, als sie ein Kind war, erzählt, daß sie sieben Jahre vor ihrer Geburt eine Totgeburt gehabt hatte, es hätte ein Junge sein sollen ... In Zeiten der Regression bekommt dieser tote Bruder eine seltsame Qualität von Wirklichkeit im Erleben der Patientin: „Mein Bruder ist in meinem Kopf, da sind wir drei ...", nämlich sie selbst mit der Mutter in illusionärer Vorstellung der Existenz des Bruders verbunden. Sie stellt ihn sich vor, spricht mit ihm. Dann wieder hat sie die Phantasie, es hätten nur zwei auf einer Bank Platz und sie hätte sich als jüngstes Geschwister auf die eine Seite gesetzt, so daß auf der anderen das tote Geschwister hinuntergefallen sei. Die Eltern hatten gesagt, sie hätten nicht getrauert, es sei sowieso Krieg gewesen (1949!). Die Patientin versetzt sich in die Mutter, die etwas Totes in ihrem Körper trägt, etwas Kaltes, wie entsetzlich.

Die Geburt eines Kindes ist immer ein Verlust, nämlich der der Schwangerschaft, als ob ein Körperteil verloren geht, aber dafür bekommt die Mutter ein Kind. Bei einer Totgeburt bekommt die Mutter nichts. Wenn die Eltern nicht trauern können, muß das tote Kind irgendwo bleiben, es scheint wie ein Geist in der Phantasie der nachgeborenen Geschwister weiter zu existieren.

Bei näherer Beschäftigung mit dem Phänomen des Ersatzkindes entsteht das Unheimliche durch unbegreifbare Zusammenhänge und Koinzidenzen völlig voneinander unabhängiger Schicksale verschiedener Menschen, deren Gemeinsames aber ein totes Kind, ein vor ihrer Geburt oder in den ersten Lebensmonaten verstorbenes Geschwister ist.

Françoise, eine Patientin Lebovicis enthüllt dem Analytiker, „daß sie auf den Tag genau ein Jahr nach der Totgeburt einer Schwester namens Françoise zur Welt kam; da sie schicksalhaft als Ersatz für ihre tote Schwester geboren wurde, gab man ihr denselben Vornamen. Sie hatte getan, was sich gehörte: Sie hatte genau den Platz ihrer toten Schwester eingenommen und war nichts weiter als deren Ersatz gewesen; sie hatte also kein Recht auf eine eigene Identität" (1988, S. 55).

Nágera berichtet über van Gogh: „Am 30. März 1852 wurde das erste Kind ihrer Ehe geboren. Es erhielt den Namen Vincent Willem van Gogh, kam jedoch unglücklicherweise tot zur Welt. Das Schicksal wollte es, daß genau am gleichen Tag des gleichen Monats, nur ein Jahr später, ihr zweites Kind geboren wurde. Auch es bekam den Namen Vincent Willem van Gogh, nach dem totgeborenen Kind ... Es war Vincents Schicksal, ohne eigene Identität auf die Welt zu kommen. Er war ein Ersatz für seinen toten Bruder; ein Beweis dafür ist, daß seine Eltern ihm den gleichen Namen gaben" (1967, S. 10).

Küchenhoff berichtet über Salvador Dalí: „Dalís Eltern hatten einen ersten Sohn, Salvador Dalí di Domenech. Dieser Sohn starb im Alter von 21 Monaten ... [und es] wurde im gleichen Haus und im gleichen Bett der zweite Salvador geboren; nur neun Monate und 10 Tage trennen den Tod des ersten von der Geburt des zweiten Sohnes. Für die Eltern spielt das verstorbene erste Kind unentwegt eine Rolle, sein Bild hängt über dem Ehebett, die Eltern vergleichen beide Söhne ständig. ... ‚Sie verglichen die Kinder jeden Tag neu. Sie benutzten dieselben Kleider und gaben ihnen dieselben Spiele. Sie behandelten ihn, als wäre er der andere, und Dalí hatte den Eindruck, daß er gar nicht existierte. Dalí berichtet von diesen unentwegten Anspielungen auf den Bruder im Alltag: ... Jedes Mal, wenn er fortging, habe seine Mutter ihm gesagt, setz' eine Mütze auf, wenn du nicht sterben willst wie dein Bruder an einer Hirnhautentzündung' " (1991, S. 42).

Wolffheim berichtet über den Dichter Hans Henny Jahnn: „Doch entscheidender für seine psychische Entwicklung ist, daß er sich mit einer Figur identifizierte, ... nämlich mit seinem eigenen Bruder, dem 1891 geborenen Gustav Robert Jahnn, der im August 1893 gestorben ist, also ein gutes Jahr vor Jahnns Geburt" (1989, S. 8).

Niederland berichtet über Heinrich Schliemann: „Das eine Geheimnis – auf dem Kirchhof von Neu-Buckow – bezog sich darauf, daß dort ein gewisser Heinrich Schliemann begraben lag, der gestorben war, als der uns bekannte Heinrich drei Monate alt war. Dies war so: Im März 1822 starb in Neu-Buckow ein acht Jahre älterer Bruder, Heinrich genannt, und wurde auf dem dortigen Friedhof begraben, wo auf dem Grabstein eine eingemeißelte Inschrift den Schmerz der Eltern *über den Tod ihres geliebten Sohnes Heinrich Schliemann* sprachlich klar zum Ausdruck brachte. *Unser* Heinrich Schliemann, d. i. der Zweite dieses Namens, wurde im Januar 1822 geboren. Trotz meiner fortgesetzten Korrespondenz ... und weiterer Versuche in dieser Richtung hat sich bisher nicht feststellen lassen, wie es im Jahre 1822 zur gleichen Benennung der beiden Brüder seitens der Eltern kam" (1967, S. 70). (Ich denke, die Eltern haben nach dem Tod des Älteren das Neugeborene im Alter von 3 Monaten einfach nach jenem benannt, da es vorher nicht getauft war.)

Fast immer weisen allein die zeitlichen Verhältnisse des Todes des Geschwisters und der Zeugung des Ersatzkindes auf die Intention der Eltern hin. Die Namensgebung jedenfalls bei vier von den fünf Fällen belegt drastisch die Ersatzidentität. Und auch im fünften Fall, dem Hans Henny Jahnns, kommt es zu einer Namensangleichung zwischen totem und lebendem Geschwister; seine Biographin schreibt: „Aufschlußreich ist nun, daß Jahnn diese erträumte Wesensgleichheit mit dem toten Bruder soweit trieb, daß er diesem ... seinen eigenen Namen gab, von ihm immer als *Hans Jahnn* sprach, wie sich aus Tagebucheintragungen seit dem Jahre 1913 erkennen läßt: *„Ich weiß – dort werde ich nie ruhen, dort ruht schon ein Hans Jahnn! Ich könnte es sein, denn auf dem Grabstein steht nur: ‚Hier ruhet Hans Jahnn.' – Ich könnte es sein, aber es ist mein Bruder ...*" (Wolffheim 1989, S. 8f.).

Schliemann greift zu einer ähnlich eigenmächtigen Identitätsveränderung: „Die intensiven Wiederherstellungsstrebungen äußern sich u. a. auch darin, daß er seinen Vater Adolph in vielen Briefen einfach zu seinem ‚Bruder' macht und ihn so bezeichnet" (Niederland 1967, S. 68).

Das Grab des verstorbenen Geschwisters verfolgt in drei Berichten die Überlebenden. „Das Grab dieses toten Bruders lag nahe dem Eingang zur Kirche seines Vaters in Zundert. Wahrscheinlich sah Vincent dieses Grab mindestens jeden Sonntag. Es muß wohl einen eigentümlichen Eindruck auf ihn gemacht haben, seinen Namen auf dem Grabstein des Bruders zu sehen" (Nágera 1967, S. 10).

Hans Henny Jahnn steht am Grab des Bruders: „Und ich kann denken, daß ich schon längst begraben liege. Ich stehe an meinem Grab und sehe die Schrift: ‚Hier ruhet Hans Jahnn' und denke, daß seine Kraft nicht ruht, sondern Großes schafft" (Wolffheim 1989, S. 8).

Und Schliemann steht vor dem Grab seines Bruders wie vor einem Rätsel: „Was somit für uns Heutige noch ungeklärt ist, muß für den überlebenden Knaben Heinrich, nachdem er lesen gelernt hatte und bei Friedhofsbesuchen der Grabstätte des verstorbenen Bruders *seinen eigenen Namen als Todesinschrift* in den Grabstein gemeißelt fand, eines der großen und beängstigenden Geheimnisse seiner Jugend gewesen und darüber hinaus Zeit seines ganzen Lebens geblieben sein. Er war sich offenbar niemals ganz sicher, ob er der *tote* Heinrich *im* Grab oder der *lebende* Heinrich *außerhalb* des Grabes war" (Niederland 1967, S. 70). Nichts liegt näher als anzunehmen, wie es Niederland tut, daß dieses Rätsel ein erstes war in seinem Leben, das dem Lösen der Menschheitsrätsel schließlich geweiht war, der Motor für „dessen rastlose Tätigkeit, Arbeitswut, Schaffen, Reisen, Geldverdienen, Sprachen lernen, Schreiben, Ausgraben, Verborgenes und Entschwundenes ans Tageslicht fördern, Inschriften lesen und entziffern" (S. 71). – „Ihm kam es vor allem auf die *Enterdung* – falls es erlaubt ist, dieses Wort in die deutsche Sprache einzuführen ... – des Begrabenen und Verlorengeglaubten an, es wieder ans Tageslicht zu bringen und so das Vergangene, das Tote wiederherzustellen, es der Erde zu entnehmen und ‚neu' oder ‚lebendig' zu machen" (S. 68).

Und das Ausgraben-Wollen paßt zu dem Charakter des Verborgenen, des Introjekts, dem „Leben im Grab" (Skogstad 1990), der „Krypta" (Abraham u. Torok 1976), der Gruft. Denn unbetrauerte Verluste schlagen sich als Introjekt nieder, ein Fremdkörper im Selbst, der wie ein fremdes Programm Selbstwerterniedrigung und Schuldgefühle verursacht. Bei unserem Thema wird das elterliche Trauma den überlebenden Geschwistern implantiert, in einer transgenerationalen Transmission.

Niederland (1967) und Pollock (1978) weisen darauf hin, daß bei diesen Fällen von sichtbaren traumatischen Verlusten eine Wurzel der Kreativität in dem Moment der Wiedergutmachung, der Reparation liegt. Das ist schon ein weiter Schritt über eine psychoanalytische Kreativitätstheorie hinaus, deren Basis die Sublimierung von Triebkräften ist. Aber meines Erachtens kommt ein weiteres Moment hinzu: das der *Rebellion* gegen die Implantation oder Zuschreibung der fremden Identität, ein Befreiungsversuch und Selbstfindungsversuch ähnlich wie die „eigenmächtigen" Namensveränderungen Jahnns.

„Sehr früh entsteht in Dalí die Vorstellung, er wolle ein Genie sein oder sei bereits ein Genie. ‚Nichts als die Unsterblichkeit hätte einem Jungen genügen können, der Tag für Tag, Stunde für Stunde eine heroische Anstrengung unternehmen mußte, um sich seine einzigartige Persönlichkeit unter Beweis zu stellen' (Secrest 1988, S. 36)" (Küchenhoff 1991, S. 42). Ein Genie mußte er sein, um nicht nichts zu sein, würde ich ergänzen. Auch bereits als Kind „besaß er eine despotische Macht über die Eltern. Die Eltern von Dalí lebten in einer Art Entsetzen, daß ein unreflektiertes Wort eine Zorneskrise bei ihrem Sohn auslösen könnte, die in ihrer Phantasie ihm Krankheit oder Tod bringen mußte. Daher mußten seine verrücktesten Wünsche befriedigt werden" (S. 43).

Auch von van Gogh wird berichtet, „er habe ein merkwürdiges, ungewöhnliches, exzentrisches Benehmen gehabt und sei deswegen gelegentlich bestraft worden" (Nágera 1967, S. 15). Und über seine Kunstwerke schreibt Nágera, „daß er einen ständigen Kampf führen mußte, um in seinem Leben für sich eine Identität zu finden, eine Identität in seiner Kunst, einen einmaligen Stil, der ihn, wie er später sagt, von allen anderen unterscheiden könnte und seine Werke, auch wenn sie unsigniert wären, kenntlich machte" (S. 41). Diese einmalige Identität fand er durch seine Kunst am Ende seines Lebens, konnte sie aber nicht *leben* und mußte seinem Leben ein Ende setzen. Auch Schliemanns unermüdlicher kreativer Schaffensdrang verlieh ihm eine einmalige unverwechselbare Identität, und zwar durch „eine schöpferische Leistung, die ihm den ebenso ersehnten wie berechtigten Weltruhm einbrachte" (Niederland 1967, S. 72).

Die Rebellion ist die eine Kraft, die sozusagen übermenschlich groß sein muß, um das lebensbehindernde Introjekt zu besiegen, wie wir es in der Kreativität großer Künstler vermuten. Aber selbst da wird der Sieg nie ein vollständiger sein, immer ein Ringen bedeuten, ein Hoch und Nieder, denn immer wieder wird sich die andere Kraft erheben, die des Introjekts, der Zuschreibung, die keine eigene Identität erlaubt. Und deshalb wird es ein Schwanken, ein Oszillieren zwischen Rebellion gegen und Anpassung an diese Kraft sein. In der Therapie eines „Ersatzkindes", über das Abend (1986) berichtet, konnten zwei gegensätzliche Phantasien herausgearbeitet werden: Das Kind mußte perfekt sein, um die angenommenen Standards der Eltern, die ihn an dem idealisierten Geschwister maßen, zu halten, damit er nicht verlassen würde. Gleichzeitig dachte er, er müsse *anders* sein als das Geschwister, als Vater und Bruder, damit er das Schicksal des toten Bruders vermeiden könne.

In den erwähnten Berichten über die herausragenden Künstlerpersönlichkeiten gibt es natürlich auch Einbrüche von Identitätszweifeln, von Verzweiflung: Hans Henny Jahnn „hat sich, aus welchen Gründen auch immer, in die Rolle des Ersatzkinds hineingesteigert und daran die ausschweifendsten Phantasien geknüpft. In seinen Tagträumen hat er sich immer Konstellationen ausgemalt, in denen er ein anderer war als in der Realität“ (Wolffheim 1989, S. 13). Über Dalí wird berichtet: „Er merkt, daß er nur zum Scheine lebt, da ein Teil von ihm der verstorbene Bruder ist, der zwar in ihm noch vorhanden ist, aber der sich ihm doch immer wieder entzieht und eine Leerstelle in ihm selbst bedeutet“ (Küchenhoff 1991, S. 43). Von van Gogh sind durch den umfangreichen Briefwechsel mit seinem Bruder Theo die größten Selbstzweifel und Lebensschwierigkeiten bekanntgeworden, bis er seinem Leben durch Suizid ein Ende setzte.

Den Kern der Psychodynamik des „Ersatzkindes“ bilden zwei Elemente: Einmal können die Eltern den Verlust nicht betrauern und idealisieren das verlorene Kind, zum andern schreiben sie dem neuen Kind eine Ersatzfunktion zu und messen es ständig am idealisierten Bild des toten Kindes. Volkan bezieht sich auf einen andern Autor: „Poznanski (1972) vertritt die Ansicht, daß diese Situation bereits ein Syndrom in sich trägt; das neue Kind hat in solchen Fällen automatisch eine ‚Geschichte‘ und erbt eine Reihe von (gewöhnlich idealisierten) Erwartungen, die durch das verstorbene Kind hervorgerufen worden sind. Poznanski stellt fest: ‚Der Ersatz eines Kindes durch ein anderes erlaubt den Eltern, den Tod des ersten Kindes partiell zu [ver]leugnen. Das Ersatzkind fungiert dann für die Eltern als Barriere gegen die Anerkennung des Todes, da ein wirkliches Kind existiert, das ein Ersatz ist. So werden die ersten Stadien der Trauer vorzeitig blockiert, und der Prozeß des Trauerns setzt sich unendlich fort, wobei das Ersatzkind beständig als Vehikel des elterlichen Schmerzes fungiert‘ (S. 1193)“ (Volkan 1976, S. 118).

Hans Henny Jahnn schreibt ähnlich in seinen Aufzeichnungen: „Mein toter Bruder starb zwei oder drei Jahre vor meiner Geburt. Die Mutter erzählte mir viel von diesem ihrem Meistgeliebten ... Die Mutter war untröstlich, ihre Verzweiflung löste sich erst, als der Entschluß feststand, daß ein weiteres Kind kommen sollte ... Ich erhielt den gleichen Namen wie der Tote, ... aber ich widersprach in jeder Hinsicht den gehegten Erwartungen, weshalb die Trauer der Mutter durch mich nicht überwunden war“ (Wolffheim 1989, S. 9f.)

Auch das Introjekthafte der Hypothek, unter der er leidet, beschreibt Jahnn: „Mein Blut ging in mir um, und ich wußte, daß es nicht mein Blut war, daß nichts mir gehörte, sondern alles dem, der da begraben lag ... Ich war überzeugt, daß ich seine Seele trug, eine fremde Seele, die sich nun ihrem wahren Leib näherte und hinaus wollte in das Grab hinein ... Damals wußte ich schon das Geheimnis meiner Zeugung, daß ich sein sollte, was er war, und ich erkannte, daß seine lachende Seele an einen häßlichen, einen widerlichen, entstellten Leib geraten war" (Wolffheim 1989, S. 8). Hier findet man ein Beispiel von Spaltung zwischen dem in der Identifikation idealisierten Objekt in der „lachenden Seele" und der negativen Seite, inklusive der Wut, die eigentlich dem toten Geschwister gelten müßte, auf den eigenen „häßlichen ... Leib" projiziert.

Die Eltern trauern nicht, weil sie den Tod nicht wahrhaben können. Ein eindrucksvolles Beispiel der Unfähigkeit der Eltern, den Tod zu realisieren, gibt Chiland (1988). In einem Fall von Mann-zu-Frau-Transsexualismus eines Mannes, der ein Ersatzkind war, war das tote Kind ein Mädchen gewesen. Den Wunsch nach Geschlechtsumwandlung verstehe ich in diesem Fall wieder als Rebellion: Ich will meine Identität selbst bestimmen! – sowie gleichzeitig aber auch als Unterwerfung: den Eltern das *Mädchen* wiedergeben. In einer viel beachteten Fernsehsendung über Transsexualität wurde „ausführlich über einen zur Frau tendierenden transsexuellen Mann berichtet, Jacques, genannt Jackie, der zu Marie-Ange geworden war, sowie über seine Frau und seine Eltern. Bei der Erwähnung des Todes einer kleinen Tochter, Claudine, weinten die Eltern noch immer, 40 Jahre nach dem Geschehen. Sie hatten das kleine Mädchen vor der Geburt von Marie-Ange bekommen und verloren. Als sie gefragt wurden, was sie gedacht hätten, als sie vom Problem ihres Sohnes, von seiner chirurgischen Umwandlung in eine Tochter erfuhren, antworteten beide. Der Vater sagte: ‚Ich habe gedacht, die Hauptsache ist, daß Marie-Ange da ist.' Und die Mutter sagte: ‚Daß sie lebt.' Etwas später fügte die Mutter hinzu: ‚Es war wie ein Keulenschlag, weil ich nicht darauf gefaßt war; ich habe nicht geweint, ich weine nicht so leicht. Aber ich habe sofort gedacht: Das ist schrecklich für Marie-Ange, aber sie ist noch da ... Weil nämlich Claudine tot ist, aber Marie-Ange ist da.‘ Und sie begann zu weinen“ (Chiland 1988, S. 147).

Pollock (1978) listet die Reaktionen der Eltern nach dem Verlust auf: Rückzug, Schuldgefühl, Überbehütung und Kontrollieren des überlebenden Kindes. Aber die Überbehütung, auch Verwöhnung, gilt ja nicht dem lebenden, sondern dem toten Kind, wie Dalí es wohl bemerkt hat (s.o.). Das Wichtigste ist das Nicht-trauern-Können der Eltern. In etwas anderem Zusammenhang sagt Cournut über seinen Patienten: „Alban beweinte nicht seine Mutter, sondern weinte an ihrer statt, für sie und in ihrem Auftrag“ (1988, S. 79). Green hat das Bild von der „toten Mutter“ entworfen, einer Introjektion einer Mutter, die nicht wirklich trauern konnte, und deren leere Depression von ihrem Kind übernommen wird. „Der wesentliche Zug dieser Depression ist, daß sie in Anwesenheit des Objekts stattfindet, das seinerseits durch eine Trauer völlig in Anspruch genommen ist“ (1983, S. 213). (Mit Trauer ist hier aber offenbar nicht wirkliche Trauer, eher die leere Depression gemeint.) Die Ursachen der Depression sind verschiedene, aber „nachdrücklich sei betont ..., daß der frühe Tod eines Kindes am schwersten wiegt“ (S. 213). Das Fehlen der Trauer der Eltern bewirkt die Bildung des Introjekts im Kind – folglich können die Folgen des Verlusts bei Kindern durch die nachgeholte Trauer der Eltern überwunden werden (Pollock 1978, S. 480).

In einem Beispiel von Volkan bekommt ein „Ersatzkind“ von der Mutter eine Puppe mit einem Porzellankopf, mit der sie nicht spielen soll, weil der Kopf zerbrechen könnte. Die Patientin lernt verstehen, daß das tote Kind und auch sie selbst es sind, die so zerbrechlich sein sollen, sie erlebt in der Therapie ihre frühere Beziehung zu ihrer depressiven Mutter wieder „und zeigt eine intensive und angemessene Gefühlsreaktion“ (1976, S. 118).

Ein solches Introjekt bewirkt Schuldgefühle, die man als Überlebenden-Schuldgefühl bezeichnen kann. Schuldgefühle entstehen darüber hinaus, weil das idealisierte Bild des toten Geschwisters nie erreicht werden kann. Schuldgefühle entstehen besonders auch, wenn ein Drang entsteht, das introjizierte System des Ersatzkindes zu verlassen, wodurch die Eltern den Schmerz zurückerhielten. Das Dilemma ist: Nicht nur durch die Unterwerfung lebt das Kind schuldbeladen, denn es akzeptiert den Auftrag, den es nicht erfüllen kann, auch die Rebellion gegen ihn macht Schuldgefühle. Denn die identifikatorische Unterwerfung unter das Introjekt des toten Geschwisters bedeutet, einen Tod zu leben, lebendig tot zu sein. Aber die Auflehnung, die Befreiung und Trennung vom Introjekt, von der aufgezwungenen Identität, würde wiederum einen Tod bringen, und zwar den des toten Geschwisters, der *dann erst* realisiert, wahrgehabt werden müßte, weil die Funktion des Überlebenden, bei der Verleugnung zu helfen, wegfiele. Die Abgrenzung wäre meines Erachtens nicht nur sozusagen ein Mord am toten Geschwister, sondern auch ein Angriff auf die Eltern, von denen das überlebende Kind annehmen muß, daß sie die Realisierung des Todes nicht aushalten können, da sie das Ersatzkind so notwendig brauchen. Deshalb sind die Schuldgefühle, ein eigenes, selbstbestimmtes Leben zu führen, so groß ,entsprechend Modells (1965) Konzept des Trennungsschuldgefühls und des „Rechts auf ein eigenes Leben." In bezug auf die Eltern, die das Kind in einer bestimmten Funktion brauchen, handelt es sich auch beim Ersatzkind um ein Trennungsschuldgefühl.

Manchmal findet sich die Phantasie, das tote Geschwister sei umgebracht worden, und ich denke, daß darin die eigene mörderische Wut auf den Verursacher der Identitätsbehinderung ihren projektiven Ausdruck findet.

Ein Patient moslemischer Herkunft berichtet im Zusammenhang mit Geschwisterrivalität, daß er einen älteren Bruder gehabt habe, der bei der Geburt gestorben sei. Die Mutter habe während der Schwangerschaft mit diesem ersten Kind geträumt, daß es nur drei Tage leben sollte. Sie habe bis vor wenigen Jahren jeden Geburtstag dieses Kindes wie ein Fest begangen und Kuchen gebacken, sie sei traurig gewesen und habe die Kinder angehalten, auch traurig zu sein. Jetzt habe er die Phantasie, die Mutter habe den ersten Sohn umgebracht, weil sie sich damals mit dem Vater nicht vertragen habe, als wäre er ein Rivale des Vaters gewesen. Er selbst dagegen sei von der Mutter sehr geliebt worden, nachdem der Vater allein als Gastarbeiter nach Deutschland gegangen sei. Er sei ja auch der, der am Leben geblieben sei. Hier fließt die ödipale Angst vor Strafe in das Überlebenden-Schuldgefühl mit ein.

Eine andere Patientin, Lisa, berichtet, daß sie in den Ferien in der Heimat ihrer Eltern gewesen sei. Sie habe den Heimatort gefunden, nicht aber das Grundstück und deshalb auch nicht das Grab des toten Bruders, der damals dort begraben worden sein soll. Sie habe aber gedacht, sie habe sich wohl so gewünscht, daß das Kind umgebracht worden wäre, weil dann bewiesen wäre, daß sie von der Mutter mehr geliebt würde, da sie ja noch am Leben sei. – Auch bei Cournut kommt die Phantasie von der Tötung unverhofft heraus: „Nora [die Patientin] klagt über ihren trockenen Verstand und ihren kalten Körper. Die Leere, die ihr innewohnt, erkennt sie wie eine, die sie ... ‚selbst aktiv herbeiführt‘. ‚Ich verurteile mich dafür, daß ich nur Ersatzobjekte ..., keine wirklichen Beziehungen besitze.‘ Deutung: ‚Das hat sich Ihre Mutter zweifelsohne nach dem Tod ihres Bruders auch gesagt.‘ Unmittelbar Antwort von Nora: ‚Aber sie hat ihn doch nicht getötet! ...‘ Entgegnung: ‚Wer sprach von töten?‘“ (1988, S. 87).

Die Folgen des Introjekts des toten Geschwisters bestehen keineswegs immer in Rebellion und Kreativität als Zeichen großer Anstrengung, das Leben selbst zu bestimmen, viel öfter dürfte das lebensbehindernde Element aufgrund der Unterwerfung, der Identifikation mit dem toten Geschwister stärker sein. Oft sind die beiden wichtigen Bereiche, die berufliche Identität und Partnerbeziehungen („Lieben und arbeiten“, wie es Freud bereits auf den Punkt brachte), mehr oder weniger stark betroffen. Der Patientin Lisa fiel irgendwann einmal auf, daß sie mit vielen Jungen zusammen war, die Wolfgang hießen, wie ihr verstorbener Bruder. Immer hat sie jüngere Partner gehabt und mußte diese Beziehungen verheimlichen. „Die jüngeren Männer sind wie mein kleiner Bruder", sagt sie; zwar war ihr Bruder acht Jahre älter, da er aber als Kleinkind gestorben war, trägt sie das Bild des „kleinen Bruders" in sich. Damit hänge es auch wohl zusammen, daß sie es nie geschafft habe, aus einer Beziehung eine langdauernde Bindung zu machen und eine Familie zu gründen.

Die bereits erwähnte Patientin, Angelika, geriet in extreme Panikzustände, als sie ihre erste Stelle als Lehrerin antreten sollte. Es bedeutete für sie, endgültig aus der Familienbindung herauszutreten. Es bedeutete auch, den vor ihrer Geburt verstorbenen Bruder hinter sich zu lassen, die Verbindung auch zu ihm abzuschneiden, und zwar dadurch, daß sie (beruflich) völlig selbständig zu werden drohte.

Zum Schluß noch eine Fallvignette, in der das Introjekt des toten Geschwisters auch in die nächste Generation hineinwirkt: Viola war im Alter von sechs Wochen an Pneumonie erkrankt, ein paar Tage lang konnte sie keinen Laut von sich geben, hatte bereits die Sterbesakramente bekommen. Dann blieb sie aber doch am Leben. Der erstgeborene Sohn der Eltern sei auch mit sechs Wochen an Pneumonie erkrankt und gestorben. Zudem habe sie damit in Zusammenhang gebracht, daß sie seit der Pubertät bis heute an heftigen Asthmaanfällen litt, das sei wie eine Fortsetzung der Lungenentzündung, wie eine Verbindung mit dem toten Bruder. Sie habe ein „Helfersyndrom", sagt sie selbst, warum müsse sie immer einen Mann retten? Vielleicht, weil sie sonst nichts wert sei: „Was habe ich denn sonst für einen Wert?" Sie hatte früh das Gefühl, daß die Eltern nicht wollten, daß sie da sei. Sie sollte wohl nicht da sein, sondern der Bruder. Besonders den Vater habe es sehr getroffen, daß sein heißgeliebter Sohn gestorben sei, sogar Hanna, ihre Tochter, sollte noch diesen verstorbenen Sohn für den Vater ersetzen, er hatte fest damit gerechnet, daß es ein Junge würde. Einmal hat er richtig mit Hanna gespielt, was er mit ihr, der Patientin, nie getan hatte, und plötzlich rutschte es ihm heraus: „Ach, wenn du doch ein Junge wärst!" – Sie trifft immer auf Männer, die große Schwierigkeiten haben, Alkoholiker, Suchtkranke ... Ihr Vater war aufgelockert, angenehm, gesprächig, wenn er etwas getrunken hatte. Sie weiß nicht, ob sie den Vater retten will, oder den toten Bruder, um sich selbst dadurch zu retten.

Literatur

Abend, S. M. (1986): Sibling loss. In: Rothstein, A. (Hg.): The reconstruction of trauma. Its significance in clinical work. Madison, CT .

Abraham, N.; Torok, M. (1976): Kryptonymie. Das Verbarium des Wolfsmannes. Frankfurt a. M./Berlin/Wien, 1979.

Arlow, J. A. (1972): The only child. Psychoanal. Quart. 41: 507–536

Cain, A. C.; Cain, B. S. (1964): On replacing a child. J. Am. Acad. Child. Psychiat. 3: 443–456.

Chiland, C. (1988): Das geschlechtliche Schicksal des Menschen. In: Stork, J. (Hg.), Das menschliche Schicksal zwischen Individuation und Identifizierung. Stuttgart-Bad Cannstatt.

Cournut, J. (1988): Ein Rest, der verbindet. Das unbewußte Schuldgefühl, das entlehnte betreffend. Jahrbuch Psychoanal. 22: 67–98.

Green, A. (1983): Die tote Mutter. Psyche 47 (1993): 205–240.

Küchenhoff, J. (1991) Eine Krypta im Ich. Zur Identifikation mit früh verstorbenen Angehörigen. Forum Psychoanal. 7: 31–46.

Lebovici, S. (1988): Die Geburt der Identität. In: Stork, J. (Hg.), Das menschliche Schicksal zwischen Individuation und Identifizierung. Stuttgart-Bad Cannstatt.

Modell, A. H. (1965): On having the right to a life: An aspect of the superego's development. Int. J. Psycho-Anal. 46: 323–331.

Nagera, H. (1967): Vincent van Gogh. Psychoanalytische Deutung seines Lebens anhand seiner Briefe. München/Basel, 1973.

Niederland, W. G. (1967): Das Schöpferische im Lebenswerk Heinrich Schliemanns. In: Niederland, W. G. (1989): Trauma und Kreativität. Frankfurt a. M.

Pollock, G. H. (1978): On siblings, childhood sibling loss and creativity. Annual Psychoanal. 6: 443–481

Poznanski, E. O. (1972): The „replacement child“: A saga of unresolved parental grief. Behav. Pediat. 81: 1190–1193.

Secrest, M. (1988): Salvador Dalí. L'extravagant surréaliste. Paris

Skogstad, W. (1990): Leben im Grab. Über das Nicht-Trauern und seine Folgen. Prax. Psychother. Psychosom. 35: 21–32.
Volkan, V. D. (1976): Psychoanalyse der frühen Objektbeziehung. Stuttgart, 1978.
Wolffheim, E. (1989): Hans Henny Jahnn. Reinbek.

Hans Holderegger

Die Rettung der seelischen Lebendigkeit in der Geschwisterbeziehung und das Problem, den Geschwisterhaß und die Geschwisterliebe ins Erwachsenenleben zu integrieren

Summary: Saving Mental Liveliness in the Relationship between Siblings; and the Problem of how to integrate Sibling Hate and Sibling Love into Adulthood

The author examines the concept of siblinghood in two known works of German literature; in Friedrich Schiller's drama „The Thieves" and in Heinrich Böll's novel „Views of a Clown". In both works the relationship between brother and sister plays a central role – it enables the siblings to save their mental liveliness and therefore, for both becomes an essential basis of life. As intense and enjoyable this relationship was in the childrens' lives, it becomes as difficult to integrate it into the lives as adults. But not only sibling love, also sibling hate can turn the parting from childhood into an insoluble task, a story with a tragic ending.

Es gibt in der Dichtung wie in unseren psychologischen Theorien Vorstellungen, ja eigentliche Konzepte und Entwürfe in bezug auf die Grundmotive und Schicksale des menschlichen Lebens. Sie kommen allerdings in einer anderen Sprache zur Darstellung und werden zunächst vor allem über das Miterleben, die Identifikation mit den in der Dichtung dargestellten Figuren und über die damit verbundenen Gefühle vermittelt. Die Literatur – und das gilt in einem verwandten Sinne natürlich auch für unsere Erfahrungen in der klinischen Arbeit – ermöglicht uns im Gegensatz zur rational strukturierten Theorie, in eine Welt einzutauchen, die all unsere Affekte und Emotionen anspricht, die uns miterleben und oft mitleiden läßt. Literatur ist allerdings mehr als ein Erlebnisbericht, sie entspricht einer spielerischen Neuschöpfung des Lebens und zeugt von einer außergewöhnlichen gestalterischen Kraft, die eine ihr eigene Dimension der seelischen Wirklichkeit schafft und mit ihren Bildern und sprachlichen Formen die verborgenen Gesetze des Unbewußten in überraschender Weise zu erfassen vermag, wie wir später sehen werden.

Es gibt also so etwas wie das „Denken der Literatur", das sich sowohl von unserem theoretischen Denken als auch von unseren Erlebnisberichten unterscheidet. Die Dichtung führt uns in eine Welt ein, in der wir uns, ob wir wollen oder nicht, als Figuren eines Dramas wiederfinden, das uns mitreißt, erschüttert, vielleicht vorübergehend verstört oder beglückt. Wo die Berührung zwischen der fiktiven Welt der Literatur und der Welt unseres persönlichen inneren Dramas besonders stark ist, kann unsere Erschütterung zu einer eigentlichen Katharsis werden, zu einer Läuterung oder Selbsterkenntnis führen, was nicht selten von den Dichtern selbst als Ziel ihres künstlerischen Schaffens formuliert worden ist.

Tödliche Folgen geschwisterlicher Verstrickungen

In Friedrich Schillers Theaterstück „Die Räuber“ (1781) gibt es einen höchst erstaunlichen Monolog, gesprochen von einer Figur, für deren moralische Verwerflichkeit sich der Dichter in der Vorrede seines Werkes glaubte rechtfertigen zu müssen – aus naheliegenden Gründen, wie der folgende Textauszug zeigt:

„Tröste dich, Alter, du wirst ihn nimmer an diese Brust drücken, der Weg dazu ist ihm verrammelt wie der Himmel der Hölle – Er war aus deinen Armen gerissen, ehe du wußtest, daß du es wollen könntest – da müßt ich ein erbärmlicher Stümper sein, wenn ich's nicht einmal so weit gebracht hätte, einen Sohn vom Herzen des Vaters loszulösen, und wenn er mit ehernen Banden daran geklammert wäre – Ich hab einen magischen Kreis von Flüchen um dich gezogen, den er nicht überspringen soll – Glück zu, Franz! Weg ist das Schoßkind – Der Wald ist heller ...

Ich habe große Rechte, über die Natur ungehalten zu sein, und bei meiner Ehre! ich will sie geltend machen. – Warum bin ich nicht der erste aus Mutterleib gekrochen? Warum nicht der einzige? Warum mußte sie mir diese Bürde von Häßlichkeit aufladen? Gerade mir dieses Mohrenmaul? Diese Hottentottenaugen? Wirklich, ich glaube, sie hat von allen Menschensorten das Scheußliche auf einen Haufen geworfen und mich daraus gebacken. Mord und Tod! Wer hat ihr die Vollmacht gegeben, jenem dieses zu verleihen und mir vorzuenthalten? Könnte ihr jemand darum hofieren, eh er entstund? Oder sie beleidigen, eh er selbst wurde? Warum ging sie so parteilich zu Werke? ...

Ich habe Langes und Breites von einer sogenannten *Blutliebe* schwatzen gehört, das einem ordentlichen Hausmann den Kopf heißmachen könnte – Das ist dein Bruder! – das ist verdolmetscht: Er ist aus eben dem Ofen geschossen worden, aus dem du geschossen bist – also sei er dir heilig! – Merkt doch einmal diese verzwickte Konsequenz, diesen possierlichen Schluß von der Nachbarschaft der Leiber auf die Harmonie der Geister, von ebenderselben Heimat zu ebenderselben Empfindung, von einerlei Kost zu einerlei Neigung ...

Frisch also! mutig ans Werk! – Ich will alles um mich her ausrotten, was mich einschränkt, daß ich nicht *Herr* bin. Herr muß ich sein, daß ich das mit Gewalt ertrotze, wozu mir die Liebenswürdigkeit gebricht.“

Es ist erstaunlich, solche Worte über die Geschwisterlichkeit zu hören, in dieser Direktheit der Ablehnung, in dieser Konsequenz der gnadenlosen Ausrottung des unliebsamen Rivalen.

Der Erstgeborene besitzt in der Welt, in der diese Geschichte spielt, ganz besondere Privilegien. Er bekommt alles, er ist der Herr, der Erbe der väterlichen Güter; der jüngere Bruder geht leer aus. Aber darum allein geht es offensichtlich nicht. Es geht auch darum, den Bruder, den vom Vater Bevorzugten, „vom Herzen des Vaters loszulösen", so daß dieser ihn „nimmer" an seine „Brust drücken" kann. Und es geht neben der väterlichen Liebe interessanterweise auch um die körperliche Attraktivität, um die Franz seinen älteren Bruder beneidet, und um die Rivalität in bezug auf eine Frau, auf die wir noch zu sprechen kommen. Der Haß auf den Bruder hat, wie wir sehen, vielschichtige Gründe und ist so gnadenlos, daß Franz kein Mittel der Intrige scheut, dessen Existenz zu vernichten. Die Loslösung von allen familiären Banden, die in den Worten von Franz zum Ausdruck kommt, zeigt sich auch im Umstand, daß Franz den eigenen Vater, den alten Moor, in einen Kerker werfen läßt, in der Absicht, ihn dort verhungern zu lassen.

Besonders interessant erscheinen mir die Äußerungen über die „Blutliebe", das heißt über die Frage, was denn Geschwister überhaupt miteinander verbinde, ob die gemeinsame Herkunft („aus eben dem Ofen geschossen") sich in einer speziellen Verbundenheit äußere oder nicht. Die Radikalität von Franzens negativer Aussage ist nicht das letzte Wort, das wir in diesem Drama zu diesem Thema zu hören bekommen!

Friedrich Schiller hat mit seinem ersten Theaterstück „Die Räuber" ein Familiendrama geschaffen, in dem die Dynamik des Geschehens neben der Vater-Sohn-Thematik vor allem in den spannungsreichen Geschwisterbeziehungen begründet ist. Die Schwäche, Unzulänglichkeit und Ungerechtigkeit des Vaters und das Fehlen einer Mutter, über deren Schicksal man nichts erfährt, kann sich der Leser als Gründe denken, warum sich die Familie der beiden Brüder auflöst und warum die brüderliche Rivalität in gefährlicher

Weise eskaliert. Sie erinnert in ihrer tödlichen Konsequenz an die biblische Geschichte von Kain und Abel, die in einem Brudermord endet.

Die Brüder sind zusammen mit Amalia aufgewachsen, einem Mädchen, das als Waise von der Familie aufgenommen wurde und wie eine Schwester mit ihnen lebte. Die genaueren Umstände dieser „Adoption“ werden nicht näher erläutert, wichtig ist die emotionale Verstrickung zwischen den Brüdern und ihrer „Schwester“, die von beiden begehrt wird. Daß Amalia wie eine Tochter des Vaters betrachtet wird, zeigen verschiedene Textstellen. Franz sagt zu ihr: „... du wardst gehalten wie Moors Tochter.“ Und der alte Moor nennt sie: „Amalia! Meine Tochter!“

Der Umstand, daß Schiller sie als angenommene Tochter, also als nicht leibliche „Schwester“ in die Geschichte einführt, wird verständlich, wenn man mit der innigen Liebesgeschichte zwischen ihr und Karl, dem älteren Sohn, konfrontiert wird. Die tabuisierte Inzestthematik wird damit verhüllt und die Identifikation mit den Liebenden erleichtert. Doch zuvor ist es angebracht, die Handlung des Dramas kurz in Erinnerung zu rufen:

Es handelt sich also um eine Familie mit Vater, zwei Söhnen und einer von außen hinzugekommenen „Schwester“. Von einer Mutter ist nicht die Rede. Der ältere Sohn Karl ist von zu Hause weggegangen, um zu studieren und die Welt kennenzulernen, indes der jüngere Sohn Franz beim Vater gegen Karl intrigiert. Es gelingt Franz durch fingierte Mitteilungen über das angeblich lasterhafte Leben von Karl den Zorn des Vaters zu entfachen und diesen dazu zu bringen, den ehemals geliebten Sohn zu verstoßen.

Als Karl von der Ungnade des Vaters erfährt, fühlt er sich verraten und ausgestoßen. Er läßt sich zum Hauptmann einer Räuberbande wählen. Und als eine Art Robin Hood zieht er mit seiner Bande durchs Land und versucht die Welt nach dem Maßstab seines verletzten Gerechtigkeitsgefühls zu verändern.

Erschüttert vom Unrecht, das er mit seiner Räuberhorde neben all seinen guten Taten angerichtet hat, und überwältigt von seinen Schuldgefühlen, kehrt er aufs väterliche Schloß zurück, in der Hoffnung, Amalia, seine schwesterliche Geliebte, wiederzusehen, sich mit dem Vater zu versöhnen und das Paradies seiner verlorenen Kindheit wiederzufinden. Er erfährt von der Intrige seines Bruders, der seine Untaten mit dem Tode büßt, und findet sich in den Armen Amalias wieder, die ihn trotz seiner verbrecherischen Taten nicht von sich weist.

Die Räuber machen dem wiedergefundenen Glück von Karl allerdings ein rasches Ende, indem sie ihn auf seinen Schwur, Amalia nie zu verlassen, aufmerksam machen. Karl entwindet sich den Armen seiner Geliebten und erfüllt schließlich ihren Wunsch, durch ihn zu sterben, indem er sie ersticht. „Hauptmann! Hauptmann! Was machst du? bist du wahnsinnig geworden?“ (S. 163) rufen die über den widersinnig erscheinenden Mord entsetzten Räuber.

Die Räuber drücken damit auch das Befremden des Lesers oder Theaterbesuchers aus. Sie können den Mord nicht verstehen, da ihnen das eigentliche Motiv der Tat verborgen bleibt. Sie erkennen nicht, daß Amalia eigentlich Karls „Schwester“ ist und welche inneren Konflikte die Vereinigung der beiden Liebenden verunmöglichen. Erst wenn man diesen *dramatischen Höhepunkt* des Schauspiels unter dem Gesichtspunkt des Inzestmotivs betrachtet, ist Karls merkwürdige, befremdende Tat zu verstehen.

Ich werde auf dieses Thema zurückkommen, möchte mich zuerst aber noch kurz den eindrücklichen Liebesäußerungen Amalias zuwenden, um die Intensität und die Problematik der geschwisterlichen Liebe, die nicht erst in der Mordtat zum Ausdruck kommt, zu dokumentieren. Ich beschränke mich auf die zweite Strophe aus Amalias Liebesklage am Anfang des dritten Aktes:

> Sein Umarmen – wütendes Entzücken!
> Mächtig feurig klopfte Herz an Herz,
> Mund und Ohr gefesselt – Nach vor unseren Blicken –
> Und der Geist gewirbelt himmelwärts.

Das Ekstatische des Empfindens und der Gefühlsexzeß sind wortreich ausgedrückt; möglicherweise wird schon hier das Widerstreben gegen die sich verselbständigenden Affekte, gegen den Selbstverlust in der Leidenschaft zum Ausdruck gebracht („wütendes Entzücken"). „Mund und Ohr gefesselt – Nacht vor unseren Blicken" sind wohl Metaphern für die hermetische Welt, in der sich die Liebenden befinden. Das Sich-von-der-Erde-ablösen-Wollen, das Nicht-von-dieser-Welt-Sein des Empfindens wird in der Schlußzeile heraufbeschworen („Und der Geist gewirbelt himmelwärts").

Die beiden Liebenden haben als Kinder eine Welt gemeinsamen Glücks gefunden, das sie für immer verbindet. Allerdings macht das Drama deutlich, daß diese alles ausschließende Geschwister-Liebe keine Erfüllung im Erwachsenenleben finden darf. Sie existiert zwar „als vollkommene Insel in einem Meer gestörter und verzweifelter Familienbeziehungen", wie es Bank und Kahn (1982) in ihrer Untersuchung über Geschwisterbindung formulieren, und sie kann eine Rettung der seelischen Lebendigkeit ermöglichen, wie das im Drama, beispielsweise in Amalias Liebesklage, angedeutet wird. Aber, und darauf macht Schiller aufmerksam, diese Liebe ist auch mit einer „Ausgrenzung der Wirklichkeit, der Welt der Erwachsenen" (von Hoff 1995) verbunden, an deren Pforten Karl verzweifelt pocht, ohne Einlaß zu finden. Der Schritt in die Illegalität ist nicht mehr rückgängig zu machen; das Leben außerhalb der gesellschaftlichen Ordnung und die tabuisierte Liebe zur „Schwester" – das eine Motiv reflektiert das andere – versperren dem Helden die Zukunft. „Oh sie ist ein unglückliches Mädchen! ihre Liebe ist für einen, der verloren ist, und wird – ewig niemals belohnt." Karl ist sich bewußt, das zeigen diese Worte, daß sein Weg und damit auch sein Liebesglück zu Ende sind. Er liefert sich der Justiz aus und verliert damit neben seiner großen Liebe auch sein Leben.

Wir kennen den symbolischen, unbewußten Elternmord unter anderem als Ausdruck für den Wunsch, sich von den primären Objekten abzulösen. Dieser Wunsch äußert sich beispielsweise in der Tendenz von Jugendlichen, die elterliche Welt und deren Symbole zu entwerten und anzugreifen. In Schillers „Räubern" finden wir neben diesem Motiv (ich denke an den Tod des Vaters) auch einen Schwesternmord, den wir ebenfalls als einen symbolischen Akt verstehen können, als Darstellung eines Versuchs, sich von einer Geschwisterbeziehung zu befreien, von einer Beziehung, die den Weg ins Leben, das heißt den Weg ins erwachsene Liebesleben zu versperren droht. Die Darstellung der Geschwisterbeziehung in der neueren psychologischen Literatur mit ihrem Hinweis auf die wichtige und eigenständige Bedeutung dieser Beziehung neben der der Kinder zu ihren Eltern findet also in Schillers Werk eine bemerkenswerte Parallele.

Ich verzichte darauf, die zeitgeschichtlichen und biographischen Hintergründe von Schillers Drama zu erläutern und die zweifellos ebenfalls wichtige Vater-Sohn-Thematik zu behandeln, ich möchte nur erwähnen, daß sich schon Otto Rank in seinem Buch über das „Inzestmotiv in Dichtung und Sage" (1912) mit diesem Thema beschäftigt und sich auch recht ausführlich über Schillers enge Beziehung zu seiner Schwester Christophine geäußert hat, die Rank als Hintergrund des „Räuber"-Dramas versteht.

Die Rettung der seelischen Lebendigkeit in der Geschwisterbeziehung und die tragischen Folgen eines Geschwistertodes

Die geschwisterlichen Verstrickungen in Schillers „Räubern" führen zum Tod der beiden Brüder und ihrer „Schwester". Eindrücklich in Schillers frühem Drama sind die Leidenschaftlichkeit, die große Emotionalität und die extremen Formen der Ablehnung und Anziehung in der Darstellung der Geschwisterbeziehung. Obwohl die Geschwisterliebe in einer Tragödie enden muß, ist es schwer zu begreifen, daß etwas, das als so schön, lebendig und einzigartig erlebt worden ist – ich erinnere an Amalias Liebesklage – mit Schuld belastet und in tragischer Weise zerstört wird. Wir werden am Schluß des Dramas mit einem Stück echter Tragik konfrontiert, die der in Schillers Drama darstellten Inzestthematik innewohnt. Der Held reagiert auf diese Tragik mit einer extremen Handlung, die seine Verzweiflung dokumentiert, er liefert sich dem Gericht und damit dem Tod aus. Wir Leser und Leserinnen erleben an dieser Stelle ein Stück weit den unsäglichen Schmerz über seinen und vielleicht auch unseren eigenen Verlust, den Verlust des Kindheitsparadieses, das in Schillers Drama eng mit einer Geschwisterbeziehung verknüpft ist.

Im Roman, von dem jetzt die Rede sein soll, geht es ebenfalls um eine Liebesgeschichte, und zwar um die Beziehung zwischen einem Sohn aus einer sehr vermögenden Industriellenfamilie und einem Mädchen aus bescheidenen Verhältnissen. Der Sohn hat sich von seiner Familie distanziert; er fühlt sich von ihr entfremdet und ist von ihr in gewisser Weise auch verstoßen worden, weil seine Berufswahl und seine Lebensweise von den Eltern nicht akzeptiert werden können. Er sucht eine radikal andere Welt und lebt an der Grenze des Existenzminimums, kaum seßhaft, von Stadt zu Stadt ziehend, sein Geld als Clown verdienend.

Die Rede ist von Heinrich Bölls Nachkriegsroman „Ansichten eines Clowns“ (1963). Mit dem Titel wird auch gleich verraten, wie Hans Schnier, der Held der Geschichte, seinen Lebensunterhalt bestreitet. Er versucht, die Absurdität des ihn umgebenden Alltags auf der Bühne darzustellen; das ist seine Möglichkeit, mit ihr zurechtzukommen, in ihr zu überleben. Allerdings ist das nur mit Hilfe von Marie möglich, die als Geliebte sein unbürgerliches Leben teilt.

Die Liebesgeschichte findet für Hans Schnier ein abruptes Ende, als ihn Marie verläßt. Er erwacht eines Morgens allein im Hotelzimmer und entdeckt, daß Marie verschwunden ist, ohne sich von ihm zu verabschieden. Sie ist zu einem anderen Mann gezogen, einem Katholiken, der ihr ein bürgerliches, gesichertes Leben bieten kann. Schnier reagiert mit einer Mischung aus Hilflosigkeit, Verzweiflung und Wut, einer Wut vor allem auf die Gruppe jener Katholiken, die ihm seiner Meinung nach Marie weggenommen hat und deren Lebenseinstellung ihm ebenso verlogen und unmenschlich erscheint wie diejenige seiner Mutter, von der noch die Rede sein wird.

Der Verlust Maries zerstört Schniers Leben, er beginnt als Clown zu versagen, verliert damit seine Existenzgrundlage und kann sich in monomanischer Weise nur noch mit der Möglichkeit beschäftigen, Marie zurückzugewinnen. Der Roman endet mit der Szene, in der Hans singend und Gitarre spielend auf der Bonner Bahnhofstreppe sitzt, den Hut für die Münzen der Vorbeigehenden neben sich. Er ist am Ende und hofft in seinem erbärmlichen Zustand, von Marie, die mit ihrem neuen Mann auf Hochzeitsreise ist und irgendwann zukehren wird, erkannt und angesprochen zu werden. Allerdings wird der Leser mit der Vermutung aus der Geschichte entlassen, daß Schniers Warten vergeblich sein wird, ebenso vergeblich wie das Warten auf einen anderen geliebten Menschen, den Schnier als Jugendlicher verloren hat.

Die Schlußszene bestärkt den im Verlauf der Romanlektüre gewonnenen Eindruck, daß das Leben Schniers von seinem Kindheitstrauma geprägt ist. Es ist überraschend, wie eng Böll Schniers Beziehung zu seiner Umwelt und zu Marie mit dem Trauma der Vergangenheit verknüpft. Bölls Roman zeigt einen Helden, dessen Leben vom Wiederholungszwang geprägt ist, für den sich Vergangenheit und Gegenwart kaum voneinander abgrenzen lassen. Und erst die bruchstückhaften, im Roman zerstreuten Erinnerungen an die Vergangenheit ermöglichen es, Schniers Schicksal in der Gegenwartsebene zu verstehen – zu verstehen, warum die Liebe zu Marie scheitern muß, und vor allem, welcher Art diese Liebe ist.

„Ich glaube, daß die Lebenden tot sind und die Toten leben ..." Diesen prägnanten Satz kann man als einen von vielen Hinweisen auf den Übertragungscharakter der Marie-Geschichte, ja des ganzen tragischen Schicksals des Clowns verstehen. Schniers Beziehung zu seiner Familie, insbesondere die zu seiner Mutter, bestimmt seine Rebellion gegen die Gesellschaft, die von Zuneigung und seelischer Verwandtschaft geprägte Beziehung zu seiner Schwester Henriette fließt in seine Liebesbeziehung zu Marie ein.

Das Trauma, das Schniers Leben prägt und blockiert, ist der Tod der geliebten Schwester, für den er seine Mutter verantwortlich macht. Folgenden Textstellen aus dem Roman beziehen sich auf dieses schlimme Ereignis und dessen Umstände:

„Seit dem Tod meiner Schwester Henriette existieren meine Eltern für mich nicht mehr als solche. Henriette ist schon siebzehn Jahre tot. Sie war sechzehn, als der Krieg zu Ende ging, ein schönes Mädchen, blond, die beste Tennisspielerin zwischen Bonn und Remagen. Damals hieß es, die junge Mädchen sollten sich freiwillig zur Flak melden, und Henriette meldete sich, im Februar 1945. Es ging alles so rasch und reibungslos, daß ich's gar nicht begriff. Ich kam aus der Schule, überquerte die Kölner Straße und sah Henriette in der Straßenbahn sitzen, die gerade in Richtung Bonn abfuhr. Sie winkte mir zu und lachte, und ich lachte auch ...

Erst beim Nachtisch fragte ich meine Mutter, wohin denn Henriettes Schulausflug führe. Sie lachte ein bißchen und sagte: „Ausflug. Unsinn. Sie ist nach Bonn gefahren, um sich bei der Flak zu melden. Schäle den Apfel nicht so dich, Junge, sieh mal hier“, sie nahm tatsächlich die Apfelschalen von meinem Teller, schnippelte daran herum und steckte die Ergebnisse ihrer Sparsamkeit, hauchdünne Apfelscheiben, in den Mund. Ich sah Vater an. Er blickte auf seinen Teller und sagte nichts. Auch Leo schwieg, aber als ich meine Mutter noch einmal ansah, sagte sie mit ihrer sanften Stimme: „Du wirst doch einsehen, daß jeder das Seinige tun muß, die jüdischen Yankees von unserer heiligen deutschen Erde wieder zu vertreiben.“ Sie warf mir einen Blick zu, *mir wurde unheimlich ...*“ (Hervorhebung v. Verf.).

Die Mutter opfert ihre Tochter der nationalsozialistischen Ideologie, Vater und Bruder nehmen diese Tatsache schweigend hin, im Gegensatz zu Hans, der auf die Nachricht von Henriettes Tod sehr heftig regiert:

„Mutter machte tatsächlich einen Versuch zu essen, sicher sollte das bedeuten: Das Leben geht weiter oder etwas ähnliches, aber ich wußte genau: Es stimmte nicht, nicht das Leben geht weiter, sondern der Tod. Ich schlug ihr den Suppenlöffel aus der Hand, rannte in den Garten, wieder zurück ins Haus, wo das Gekreische und Geschreie in vollem Gang war. Meine Mutter hatte sich an der heißen Suppe das Gesicht verbrannt. Ich rannte in Henriettes

Zimmer hinauf, riß das Fenster auf und warf alles, so wie es mir zwischen die Hände kam, in den Garten hinaus ...

Leo sagte mir später, ich hätte ausgesehen wie „ein Verrückter", und es wäre so schnell gegangen, wahnsinnig schnell, daß niemand etwas hätte tun können."

Hans ist offenbar der einzige in der Familie, der das Schreckliche als solches erleben und zum Ausdruck bringen kann. Seine angebliche „Verrücktheit" mag den Leser des Romans vielleicht vorübergehend verunsichern, bis er merkt, wie angemessen im Grunde genommen gerade diese Reaktion ist, denn sie spiegelt den Wahnsinn von Henriettes Tod, sie zeugt davon, daß der Junge seine seelische Lebendigkeit hat retten können – in einer Umgebung, in der man trotz materiellem Überfluß zu wenig zum Essen bekommt, aber auch – und das ist viel schlimmer – zu wenig Interesse, Einfühlung und Liebe erlebt. Der Amoklauf zeigt das überaus starke emotionale Engagement von Hans, die Liebe zu seiner Schwester, der er sich als einzigem Menschen wirklich verbunden fühlt. Sie ist für ihn auch eine Art Spiegel in einer seelisch toten, gleichgültigen, absurden und unheimlichen Umwelt.

„Es stimmte nicht, nicht das Leben geht weiter, sondern der Tod." Diese Bemerkung wirft ein gespenstisches Licht auf Schniers Leben nach Henriettes Tod, vor allem natürlich auf seine Liebesbeziehung mit Marie. Es ist darin der Hinweis enthalten, daß alles, was diesem Tod folgt, in dessen Schatten steht. Die Parallele zwischen der Henriette- und der Marie-Geschichte wird nicht nur im Fortgehen, im Verschwinden und in der darauffolgenden Unerreichbarkeit beider Frauen sichtbar. In der Beziehung zu Marie, die Hans vor dem Erwachsenenleben abschirmt, wiederholt sich das selige Zusammensein mit der Schwester, wird deren traumatischer Tod aufgehoben und ungeschehen gemacht.

Hans spielt mit Marie „Mensch ärgere dich nicht", er besucht mit Vorliebe Filme, „die für Sechsjährige zugelassen sind"; statt daß er, wie von seiner Umwelt erwartet, „einen heroischen Lebenslauf beginnen würde: in eine Fabrik gehen oder auf den Bau, um seine Geliebte zu ernähren", verwirklicht er mit Marie ihre „kindlichen Vorstellungen von Boheme mit Chiantiflaschen und Sackleinen an den Wänden und buntem Bast."

Natürlich hat die Beziehung zwischen Hans und Marie ihre Eigengesetzlichkeit und entzieht sich damit teilweise auch dem Wiederholungszwang, der auf das Trauma hinweist. Aber es ist überraschend, wie präsent die Schwesterbeziehung in seinem Leben mit Marie ist; und die Schwesterübertragung ist offensichtlich auch der Hintergrund für das Scheitern der Beziehung. Sie verstellt den Zugang zu Marie, die Einfühlung in ihre Probleme und Ängste. Ich erinnere an eine Szene in einem Hotel in Osnabrück, kurz bevor Marie aus dem Leben von Hans verschwindet:

> „Marie war krank. Sie hatte keine regelrechte Fehlgeburt gehabt, aber irgend etwas dieser Art. Ich war nicht genau dahintergekommen, und keiner hatte es erklärt. Sie hatte jedenfalls geglaubt, sie sei schwanger, war es jetzt nicht mehr, sie war nur ein paar Stunden am Morgen im Krankenhaus gewesen."

Statt Marie ins Krankenhaus zu begleiten und sich dessen bewußt zu werden, was mit Marie dort passiert, daß sie nämlich wiederum ein Kind verloren hat, erzählt er ihr von einem Jungen, den er gesehen hat und dessen Gesichtsausdruck ihn an Henriette erinnert. Und weil sie die ganze Geschichte, die er sich zu diesem Jungen ausgedacht hat, nicht glaubt, wird er so wütend, daß er die vom Krankenhausaufenthalt gezeichnete Marie zwingt aufzustehen, die Schuhe anzuziehen und mit ihm im Regen ohne Schirm in den Bahnhof hinüberzulaufen. Er wird sich in keiner Weise bewußt, wie er Marie überfährt und verletzt – denn er ist mit seinen Gedanken und Gefühlen in der Welt Henriettes. Marie hat in seiner Nähe keine Chance, ihre Vorstellungen von ihrem Leben zu verwirklichen, eine Familie mit Kindern zu haben und einer Gemeinschaft von erwachsenen Menschen anzugehören.

Wenn wir uns näher mit dem Thema beschäftigen, wieso Schnier ohne seine Marie nicht überleben kann, nähern wir uns dem *Kern der Geschichte*, dem Kern des Romans, der die tiefsinnigste Darstellung von Schniers seelischem Problem und Schicksal enthält. Es geht um die Beschreibung der Seelenkälte im Einflußbereich der Mutter und vor allem um die Schilderung der Bedeutung, die Marie und Henriette im Leben des Clowns einnehmen. Die Abwesenheit von Einfühlung und echter Anteilnahme, die Unfähigkeit, die Kinder wahrzunehmen und als das Wichtigste im Leben zu verstehen, lassen die Mutter als seelisch verkümmert erscheinen. Ihre seelische Lebendigkeit retten die Kinder im Rückzug von der Familie und in einer versteckten gegenseitigen Verständigung. Die eminente, tiefe Bedeutung der Geschwisterbeziehung wird denn auch in den folgenden Bemerkungen, die sich auf die Übertragungsfigur Marie beziehen, zum Ausdruck gebracht:

„Da ich zum Narzißmus nicht neige, war ich oft nahe daran, verrückt zu werden. Ich vergaß einfach, daß ich es war, dessen Gesicht ich da im Spiegel sah, drehte den Spiegel um, wenn ich mit dem Training fertig war, und wenn ich später im Laufe des Tages zufällig im Vorübergehen in einen Spiegel blickte, erschrak ich. Das war ein fremder Kerl in meinem Badezimmer, auf der Toilette, ein Kerl, von dem ich nicht wußte, ob er ernst oder komisch war, ein langnasiges, blasses Gespenst – *und ich rannte, so schnell ich konnte, zu Marie, um mich in ihrem Gesicht zu sehen.* Seitdem sie weg ist, kann ich mein Gesichtstraining nicht mehr absolvieren: Ich habe Angst, verrückt zu werden. Ich ging immer, wenn ich vom Training kam, ganz nah an Marie heran, *bis ich mich in ihren Augen sah:* winzig, ein bißchen verzerrt, doch erkennbar: Das war ich, und war doch derselbe, vor dem ich im Spiegel Angst hatte" (Hervorhebungen v. Verf.).

Eindrücklicher und prägnanter läßt sich die Bedeutung, die Henriette und ihre Nachfolgerin Marie für Hans Schnier haben, kaum ausdrücken: *Es geht um eine ganz frühe Form der Existenzsicherung, um das Sich-Finden im Auge des anderen.* Diese Bedeutung machten Henriette und später Marie für ihn unersetzlich, und es wird verständlich, daß die Trennung zum seelischen Tod führen muß: „Ich war tot und auf tausend Stunden mit meinem Gesicht eingesperrt – keine Möglichkeit, mich in Maries Augen zu retten."

Abschließende Betrachtungen

In beiden Dichtungen wird von intensiven und für das Leben der betroffenen Helden sehr bedeutungsvollen Geschwisterbeziehungen erzählt, die allerdings – und darin ist die Tragik beider Geschichten begründet – keine Integration im Erwachsenenleben finden können. Das ist deshalb so schwerwiegend, weil die Geschwisterliebe in beiden Geschichten die seelisch bedeutsamste Erfahrung in der Kindheit war. Die von außen geforderte Trennung Karls von Amalia ist – das liegt in der Einzigartigkeit ihrer Beziehung begründet – nicht möglich und endet im Tod der beiden Liebenden. Auch Schniers tiefe Beziehung zu seiner Schwester Henriette bleibt unauflösbar und kann nicht in für ihn hilfreicher Weise verinnerlicht werden. Der frühe Tod der Schwester verhindert in diesem Fall die Trennung, und das mit diesem Tod verbundene Trauma prägt und zerstört schließlich Schniers Leben. In der Liebesbeziehung zu Marie versucht er den Tod Henriettes zu verleugnen, nach dem zwingenden Scheitern dieser Beziehung verfällt er der Depression und dem Wahnsinn.

Der Übergang von der Kindheit zum Erwachsenenleben spielt in den Geschichten beider Werke eine bedeutende Rolle, da die Unauflösbarkeit der intensiven Geschwisterliebe und die gegenseitige seelische Abhängigkeit in beiden Fällen den Abschied von der Kindheit und die echte Zuwendung zu Liebespartnern außerhalb der Familie verunmöglichen. So verschieden die beiden Geschichten im einzelnen sind, so verwandt ist dieser Aspekt der Thematik. Und obwohl beide Liebesgeschichten ein tragisches, erschütterndes Ende haben oder eben haben müssen, anerkennen wir als Leser und Leserinnen die tiefe, unersetzliche Bedeutung der beiden Liebesgeschichten und sind in der Lage, sie nachzuempfinden.

Allerdings ist nicht nur die Integration der geschwisterlichen Liebe, sondern auch die geschwisterliche Feindschaft und Rivalität – ich erinnere an den tödlichen Haß von Franz gegenüber Karl – ein Problem, mit dem wir konfrontiert worden sind.

„Eine Geschichte ist dann zu Ende gedacht, wenn sie ihre schlimmstmögliche Wendung genommen hat", schreibt F. Dürrenmatt in seinen Nachbemerkungen zu den „Physikern", und er spricht damit ein wichtiges Prinzip der literarischen Gestaltung an. Die Literatur will mit ihrer Pointiertheit und Unausweichlichkeit, mit ihrer Bilderwelt, die wir auch aus der Welt unserer eigenen Traumbilder kennen, die Verdrängung aufheben, damit wir uns im Banne ihres Erzählens nicht mehr über die Bedeutung des inszenierten inneren Konflikts hinwegsetzen und ihn verleugnen können. Diese Feststellung bestätigt sich auf eindrückliche Weise in unseren literarischen Beispielen, die im Grunde genommen ein allgemeinmenschliches Phänomen zur Darstellung bringen.

Literatur

Bank, S. P.; Kahn, M. D. (1982): Geschwister-Bindung. München 1994.
Böll, H. (1963): Ansichten eines Clowns. Köln 1992.
Dürrenmatt, F. (1962): Die Physiker. Zürich.
Hoff, D. von (1995): Inszenierung der Geschwisterliebe im Film. In: Ley, K. (Hg.), Geschwisterliches. Jenseits der Rivalität. Tübingen.
Hoffmann, G. (1986): Heinrich Böll. Bornheim-Merten.
Holderegger, H. (1993): Der Umgang mit dem Trauma. Stuttgart.
Ley, K. (1995): Geschwisterliches Begehren und der andere Ort. In: Ley, K. (Hg.), Geschwisterliches. Jenseits der Rivalität. Tübingen.
Linder, Ch. (1986): Heinrich Böll. Köln.
Rank, O. (1912): Das Inzest-Motiv in Dichtung und Sage. Leipzig/ Wien.
Schiller, F. (1781): Die Räuber. München 1990.
Sohni, H. (1995): Horizontale und Vertikale – Die Bedeutung der Geschwisterbeziehung für Individuation und Familie. In: Ley, K. (Hg.), Geschwisterliches. Jenseits der Rivalität. Tübingen.
Wellendorf, F. (1995): Zur Psychoanalyse der Geschwisterbeziehung. Forum der Psychoanalyse, S. 295–310.

Hans-Rudolf Müller-Nienstedt

Brief an meinen toten Bruder

Werkstattbericht zur Tagung „Geschwisterlichkeit" am 26./27. September 1997 in Münsterlingen

Lieber Fridolin,

der Mond stand als blasse Scheibe im Osten, so daß ich ihm auf meiner Fahrt dem See entlang entgegenradelte. Wir hatten uns auf der Bühne in Münsterlingen verabredet. Es sollte eine Art Hauptprobe vor unserem gemeinsamen Auftritt werden. In der fast zweijährigen Vorbereitungszeit hatte jeder von uns sich auf eigene Weise mit dem Thema „Geschwisterlichkeit" befaßt, und zusammen hatten wir die Münsterlinger Tagung bis ins Detail vorbereitet. Aber bis zum Schluß hatten wir die Frage vor uns hergeschoben: Wie konnten wir das Thema einführen, das Publikum „abholen" und das, was in unserer kleinen Gruppenwerkstatt entstanden war, in die größere Tagungswerkstatt einbringen? Verschiedene Entwürfe waren entstanden, mit welchem Vehikel die Idee „Geschwisterlichkeit" zu transportieren wäre und was dieses Vehikel zu enthalten hätte. Keiner dieser Entwürfe vermochte alle zu überzeugen. Und so hatten wir uns von einem jener Photos inspiriren lassen, das eine Orgelpfeifenreihe von zehn Geschwistern zeigt, das Bild einer Gesamtheit von je unverwechselbaren Individuen. Wir entschieden uns, daß für die Einführung alle zehn Projektgruppenmitglieder im Halbkreis auftreten, und jeder sprach, erzählte, las, rezitierte, aus unserer Runde heraustretend, seinen eigenen Text.

Eine totale Mondfinsternis war angekündigt. So unterbrachen wir unsere Probe, um ins Freie zu gehen. Das stille Schauspiel am glitzernden Firmament wurde untermalt vom leisen Plätschern am nahen Ufer. Der Feuerring, hingehalten auf dem dunkelsamtenen Grund der noch jungen Nacht, umrundet ein schwarzes Nichts. Langsam, von unsichtbarer Hand geschoben, verändert sich das Bild, der Ring wird zur Sichel, die Sichel verdickt sich, bis die jetzt hell leuchtende Scheibe am Himmel hängt, zuerst noch mit einem seitlichen Einschnitt, dann wieder perfekt gerundet, umkreist von einem zarten Dunsthof. Zurück im Saal wird mir erst bewußt, daß einer von uns fehlt, schon von Anfang an gefehlt hat. Es scheint für mich in einer Gruppe immer einen Fehlenden zu geben.

* * *

In diesen Herbsttagen in Münsterlingen beobachte ich mich dabei, wie ich schon immer mit andern zusammen irgendwann vom Bedürfnis ergriffen wurde, nach jemandem, der eigentlich noch dazu gehören würde, zu suchen, und ich lege mir das erste Mal Rechenschaft darüber ab, daß meine Familie schon von Anfang an dadurch gekennzeichnet ist, daß Du, Fridolin, fehlst. Erwartet wurdest Du in jener Sommernacht 1937. Bereits in der Nacht verstärkten sich die Wehen, aber Mutter empfand es als ungehörig, die Hebamme oder den Arzt aus dem Bett holen zu lassen. Als die Hebamme am Morgen eingetroffen war, stellte sie fest, daß die Geburt schon im Gange, aber blockiert war, weil Du partout mit den Füßen voran diese Welt betreten wolltest. Der Arzt wurde gerufen und geriet in einen blutigen Kampf, in dem die verzweifelten Kräfte der Mutter in den brandenden Wehen, das Stützen und Drücken der Hebamme und das Ziehen, Reißen und Zerreißen des Mutterfleisches durch den Arzt nicht ausreichten gegen Dein Verhaftetsein an diesen Mutterleib, der zum Schlachtfeld geworden war. Mit dem Kinn hattest Du dich festgehakt und tief hinein mußte die Hand des Arztes greifen, um Dich doch noch loszulösen. Wie es Mutter dabei erging, welche Gedanken und Gefühle überhaupt noch Platz fanden inmitten dieser Naturgewalten – wir können von ihr ebenso wenig darüber erfahren wie von Dir. Dunkelblau und blutend aus allen Körperöffnungen überlebtest Du diesen Kampf nur um wenige Stunden. Das kleine Grab an der Nordseite der Pfarrkirche mit dem weißen Engelstein war der einzige Platz, den Du in dieser Welt beanspruchst hat, und auch diesen mußtest Du, den Regeln des Friedhofs gehorchend, nach 30 Jahren räumen. Zurück ließest Du eine Mutter, die mit Dir jede Hoffnung auf Kinder begraben hatte. Der Gedanke, ein elendes Leben sei Dir erspart geblieben und Deine Existenz als Engel sei doch eigentlich viel wünschenswerter, brachte Mutter sogar um die Trauer. Als Engelein oder als gutartiges Familienphantom gehörtest Du zum Bild meiner Familie. Ich meine auch Dein Grab irgendwie wahrgenommen zu haben, wenn ich als Ministrant, hinter einem Sarg hergehend, durch den Nordausgang unserer Barockkirche auf den Friedhof hinaustrat. Aber gleichzeitig bist Du immer etwas Unwirkliches, Schattenhaftes geblieben, etwas wie eine Ziffer ohne Fleisch und Blut. Was ein wirkliches Einsetzen dieser Ziffer in mein Familienbild an den Anfang unserer Geschwisterreihe mit sich bringen kann, begann mir erst zu dämmern, als ich mich in unserer Projektgruppe mit dem Thema „Geschwisterlichkeit" zu befassen begann.

* * *

Die Projektgruppe entstand aus dem kleinen Kreis der in Konstanz und den Kantonen Thurgau und Schaffhausen tätigen Kinder- und Jugendpsychiater, die sich seit Jahren für fachlichen und freundschaftlichen Austausch getroffen hatten. Die Frage nach den Geschwisterbeziehungen der kleinen und größeren Patienten, die wir uns gegenseitig vorstellten war nicht ungewöhnlich. Irgendwann tauchte dann der Begriff „Geschwisterlichkeit" in unserer Runde auf, setzte sich in unseren Gesprächen fest und wurde zum Kristallisationspunkt für ein Gebilde von Fragen und Hypothesen, das nach einem größeren Kreis von Werkleuten verlangte. Die Idee einer Tagung entstand, an der Fachleute aus verschiedenen Wissenschaften befragt werden sollten: Philosophie, Geschichte, Soziologie, Familienforschung, Pädagogik, Psychoanalyse, aber auch aus der Literatur, Kunst, Politik. Als ersten Schritt suchten wir Kinderpsychiater – bis dahin waren wir noch eine Männerrunde – den Kontakt zu Kolleginnen, die wir zwar nicht in der Praxis, aber in der Institution des Kinder- und Jugendpsychiatrischen Dienstes fanden, und zu Erwachsenenpsychiatern.

* * *

Geschwister. Für meine Eltern war es klar, und zu jener Zeit wohl auch nicht unüblich, daß sie eine Familie mit sechs Kindern wollten. Mit Dir, Fridolin, hatte Mutter auch dieses Bild einer Familie begraben. Nicht nur für Mutter, sondern auch für Vater muß Dein Tod unsäglich schmerzhaft gewesen sein. Das wurde uns später Geborenen allerdings mit keinem Wort vermittelt. Im Gegenteil, es scheint, als ob Trauer nicht erlaubt, die Forderungen des Alltags in diesen späten 30er Jahren viel dringlicher gewesen wären. In der Großfamilie muß aber doch eine Art Reparaturidee entstanden sein, weil ein Cousin, fur den wegen Schulproblemen in der ersten Klasse ein Ortswechsel angezeigt schien, zu meinen Eltern in Pflege gegeben wurde. Dabei spielte offenbar auch der Nebengedanke eine Rolle, daß Mutter nach dem Verlust ihres Kindes mit ihm etwas Leben ins Haus bekam. ...

Leben ins Haus gab es später noch mehr als genug, als in den 40er Jahren ein Kind nach dem andern zur Welt kam. Am Schluß zählten meine Eltern sieben Kinder, und ich schreibe bewußt „meine" Eltern, weil Du in der üblichen Familienzählung nicht vorkamst. So fühlte ich mich (als vierter von sieben) immer als der Mittlere, unternahm alles, um einen Platz bei den Älteren zu erkämpfen, und verschloß mich dadurch einer Zugehörigkeit zu den Jüngeren. Was wäre alles verschoben worden, wenn Du Deinen Platz eingenommen hättest! Die Schatten, die Du von Deinem verwaist gebliebenen Platz aus auf uns geworfen hast, treten – zwar meist flüchtig und mit unklaren Konturen – im Gefolge der Münsterlinger Tagung aus den Herbstnebeln heraus. So fällt mir auf, daß nicht nur mein jetzt ältester Bruder Georg, sondern auch mein nächstjüngerer Bruder Fridolin die Geschäftsnachfolge von Vater angetreten haben. Im Schutz von bereits zwei gesunden Söhnen und drei Töchtern wagten unsere Eltern noch einmal, Deinen Namen zu vergeben. (Es scheint, als ob der Auftrag für den Erstgeborenen nach Deinem Tod auf zwei Brüder aufgeteilt worden ist.) Um ihn aber doch auch von Dir zu unterscheiden, gaben die Eltern ihm noch den Zweitnamen Emil.

Ein Schatten, der von Deinem Tod wohl auf Mutter geblieben ist: Auch wenn sie sieben Kinder gesund zur Welt gebracht und aufgezogen hat – eine tiefe Unsicherheit, ein Zweifel überschattete ihr ganzes Leben, ob sie als Mutter genügt habe, ob sie „es“ recht gemacht habe, oder ob sie versagt habe.

***

Im Mutter-Sein die eigene Bewährung suchen, die eigene Erfüllung zu erleben, für eine Elternschaft selbstverständlich mehrere Kinder ins Auge fassen, als Mutter tatsächlich acht Kinder zur Welt zu bringen – diese lange Zeit unbestrittene Voraussetzung für geschwisterliche Erfahrung gehören weitgehend der Vergangenheit an. Ob da ein Zusammenhang besteht oder nicht: Unbestreitbar wächst das Interesse an geschwisterlichen Beziehungen in einer Zeit, in der immer mehr Einpersonenhaushalte gezählt werden, immer mehr Paare auf Elternschaft verzichten, immer mehr Kinder als Einzelkinder aufwachsen. Es ist auch eine Zeit, in der Konkurrenz und Durchsetzung des Stärkeren mehr gelten als Kooperation und Rücksichtnahme. Die Suche und Beschreibung geschwisterlicher Eigenschaften wie Fürsorge, Solidarität und Bündnisfähigkeit (neben den viel beschworenen wie Rivalität, Eifersucht und Neid) ist deshalb zumindest eine notwendige Bewegung gegen den vielerorts entfesselten Sturm der „freien" Kräfte.

* * *

Das Thema Geschwisterlichkeit in einer Gruppe zu bearbeiten kann natürlich nicht wie irgendein Werkstück in der Werkstatt behandelt werden. Auch wenn wir ausschließlich themenzentriert vorgingen und uns sehr bald weitgehend den ganz konkreten Fragen der Organisation eines Kongresses widmeten, war jedes der zehn Mitglieder immer wieder aufgefordert, seinen persönlichen Standort im Koordinatensystem von Horizontale und Vertikale zu erspüren. Die Wünsche nach einer immer breiteren Auslegung von Inhalt (möglichst weit ausgreifende Interdisziplinarität) und Struktur (möglichst viel Eigenaktivität aller Teilnehmer) stießen früher oder später wieder auf die Forderung nach Beachtung der Hierarchie der Bedürfnisse (gezielte Auswahl, Schwerpunkte setzten, Informationen vermitteln, klare Leitung). Wie in jeder Geschwistergruppe wechselten die Motivation und die Präsenz der Mitglieder. Identifikation mit den einen konnte Distanzierung zu anderen zur Folge haben. Bündnisse wurden geschlossen und wieder gelöst. Um es mit den Worten von Katharina Ley zu sagen: „Interesse und Widerstand kennzeichnen den Zugang, Horizontale und Vertikale bestimmen den Ort; Zusammengehörigkeit und Rivalität markieren die Gefühlspole" (Ley 1995). Trotz zweitweisem Stöhnen über zu großen Aufwand, viele Reibungsflächen mit der großen Gruppe (zwei Frauen, acht Männer) und mangelnder Effizienz der Entscheide gelang es dem Thema irgendwie, uns bei der Stange zu halten und durch lustvolle gemeinsame Erlebnisse den Schritt von der kleinen Werkstatt zum größeren Kreis der Tagung zu machen. Besonders beflügelte uns bei diesem Thema, daß es einen Kontrapunkt zu den hierarchischen Strukturen und zur Ökonomisierung des Therapiebetriebes zu setzen vermag; daß es nicht einer spezifischen Schule verhaftet ist; und daß es sich nicht an Pathologie orientiert, sondern an einem Verständnis von Salutogenese

(Antonovsky 1987), nicht nach Defiziten Ausschau hält, sondern nach Ressourcen.

* * *

Freiheit, Gleichheit, Brüderlichkeit. Im Gefolge der französischen Revolution wurden vor 200 Jahren überall in der Schweiz die Freiheitsbäume aufgerichtet. Mit einem historischen Schnitt wurden alte Strukturen und Abhängigkeiten gelöst, und die Zeit der bürgerlichen Freiheiten wurde eingeläutet. Die demokratischen Errungenschaften, die heute unser Selbstverständnis bestimmen, haben da ihren Ausgangspunkt. Aber mit den Menschenrechten von 1789 waren die Frauen noch nicht gemeint. Erst mehr als 100 Jahre später wurden die ersten Frauen in Europa der „Bruderschaft" politisch gleichgestellt. Zu anderen Männerdomänen (in Ausbildung, Beruf und Arbeitsorganisation) bleibt der Zugang für Frauen weiterhin schwierig und eng. So nimmt der Anteil der Frauen unter den Studierenden zwar stetig zu, aber je höher die akademischen Chargen, um so dünner wird die Luft für Frauen. Es scheint, daß dafür die (wenigen) Frauen, die nicht nur hohe Qualifikationen, sondern auch entsprechende Positionen erreicht haben, völlig überlastet und ausgebucht sind. Diesem Faktum mußten wir uns bei der Vorbereitung unserer Tagung auch beugen. Für die Hauptvorträge fragten wir insgesamt 15 Frauen und 13 Männer an. Das Resultat im definitiven Programm fiel demgegenüber enttäuschend aus: Neben fünf Männern konnten wir nur eine Frau verpflichten (es scheint, daß der kleine Anteil gut qualifizierter Frauen in den höheren Positionen dazu führt, daß diese dann so sehr überlastet sind, daß sie nicht abkömmlich werden). Etwas besser ist unser Erfolg bei den Workshops: Von 21 angefragten Männern und 14 Frauen konnten wir in unserem Programm acht von Männern, fünf von Frauen und drei gemischtgeschlechtlich geführte Arbeitsgruppen anbieten.

* * *

Will ich, muß ich mich rechtfertigen vor dem großen Bruder (was ist Dein Anteil daran, daß ich in all den Jahren mich vergeblich darum bemühte, den wirklichen oder vermeintlichen Erwartungen meines Vaters und meines älteren Bruders nachzukommen?), wenn ich so sehr darauf beharre, daß wir alles unternommen haben, um unseren „Schwestern" genügend Platz einzuräumen? Es läßt sich ja nicht verleugnen, daß unser Kongreß zu einem eigentlichen Abbild unserer Gesellschaft geworden ist: Wir Männer dominierten nicht nur in der Vorbereitungsgruppe, bei den Vortragenden, in den Workshopleitungen, sondern – wenn auch weniger penetrant – in den Diskussionen. So wie Frauen nach wie vor zuständig sind für die Haushaltsführung, so wurde auch die Organisation und das Sekretariat überwiegend von Frauen bewältigt. So wie in unserer Familie seit jeher das offizielle Wort eher von den Männern (Großvater, Vater, ältester Bruder) gesprochen wurde und die Frauen zuhörten, so saßen im Publikum des Kongresses in der Mehrheit Frauen. Umgekehrt waren es die Frauen, die sich eher in die persönliche Auseinandersetzung mit dem Thema begaben: Die überwiegende Mehrzahl der Mitglieder in den Selbsterfahrungsworkshops (Katathymes Bilderleben, Psychodrama, Malen, Körpererfahrung) waren Frauen.

* * *

Geschwisterlichkeit als Beziehungsprinzip (Eigenständigkeit *und* Verbundenheit, Konkurrenz *und* Komplementarität, Eifersucht *und* Fürsorge, Rivalität *und* Solidarität): Mit unserer Eingangsrunde hatten wir Erwartungen geweckt. Haben wir sie auch eingelöst? Von Katharina Ley und Hans Sohni konnten wir uns hineinführen lassen in die weite Landschaft der Geschwisterlichkeit mit ihren Höhen und Tiefen, aber vor allem mit ihren Verstrebungen und Bezügen in der Horizontalen. Die Schwierigkeit, sich mit Geschwistern ohne Blick auf die Eltern zu befassen, erfuhren wir durch die Vorträge von Mathias Hirsch, Manfred Cierpka und Hans Holderegger. Rudolf Heinz setzte sich in seinem Referat nicht nur grundsätzlich mit dem Begriff Geschwisterlichkeit auseinander. Er setzte unseren Ideen von Geschwisterlichkeit auch zu, und zwar mit einem intellektuellen Feuerwerk, an dem einige sich die Finger verbrannten, einige sich über den Lärm und Verschleiß ärgerten, andere das Blendwerk anklagten und einige staunend und begeistert Funken fingen. Referate sind ja von der Form her eher Mitteilungen von oben nach unten, wobei die vielen Wortmeldungen und angeregten Diskussionen danach zeigten, daß eine Atmosphäre entstanden war, die das Gespräch von gleich zu gleich förderte. Ein Gespräch, das sich auch in den Workshops fortsetzte.

***

Die Beschäftigung mit dem Thema Geschwisterlichkeit veränderte, ob ich das wollte oder nicht, meine Begegnungen mit meinen Geschwistern. Du wirst Dich wundern: Kurz nach der Tagung sprach ich das erstemal mit meinen Schwestern und Brüdern über Dich, Fridolin. Stell Dir vor: Ich lernte sechs verschiedene Geschichten kennen über Dich, unseren ältesten Bruder. Unsere Mutter sprach den Kernsatz aus: „Hätte er – damit meinte sie Dich – überlebt, wäre alles anders geworden.“ Dieser Satz ließ mich nicht in Ruhe, und deshalb besuchte ich nicht viel später meine – unsere Mutter, saß mit ihr an ihrem Lieblingsplatz in der Stube am großen Fenster, mit Blick auf den Fronalpstock, den Glärnisch und den Rauti, trotz winterlicher Kälte draußen hier drin erwärmt von den Strahlen einer freundlichen Nachmittagssonne. Mutter holte eins nach dem andern die alten Photobücher heran. Sie ist sich sicher, mir ein Photo von Dir darin zeigen zu können. Sie erzählt von der Nacht vor Deiner Geburt. „Es ist ja gut, daß er sterben konnte“, meint sie. „Er wäre sicher schwer behindert gewesen.“ Warum habe ich sie nicht gefragt, wie das denn für sie gewesen wäre: das Leben mit einem schwer behinderten Kind? Welche Scheu, Scham, Feigheit hielt mich davor zurück?

***

Ein behindertes Geschwister: Dem Thema war auch ein Workshop gewidmet, der aber wegen fehlendem Interesse nicht stattfand. Die Frage in der Ankündigung des Workshops „Ein geistig behindertes Geschwister – Chance und Gefahr für die eigene Entwicklung?" wirft damit noch weitere Fragen auf: Ist Behinderung gefährlich für uns Therapeuten? Scheuen wir davor zurück, uns mit Behinderten zu beschäftigen?

* * *

Vielleicht würde es Dich erstaunen, daß unsere Projektgruppe sich mit der Abschlußrunde der Tagung besonders schwer tat, weil Du Dich ja selbst in den Abschied gestürzt hast, bevor Du richtig angekommen warst. Natürlich prüften wir all die verschiedenen bewährten Abschlußrituale, von der Diskussionsrunde auf dem Podium bis zum Kongreßberichterstatter, ohne zu einem befriedigenden Vorgehen zu kommen. Wir trafen uns deshalb noch einmal im Chambre séparée während der letzten Kongreßpause. Die Diskussion förderte alles zutage von Ratlosigkeit über die Forderung nach streng strukturiertem Abschluß mit den noch anwesenden Experten bis zum waghalsigen Eröffnen des unstrukturierten Gesprächs. Die Zeit drängte. Die Versuchung war groß, uns mit dem Griff auf ein bewährtes Führungsmodell zu retten. Ein Entscheid mußte gefällt werden. Wie konnten wir durch diesen kritischen Punkt hindurch etwas von der Idee der Geschwisterlichkeit, in unserer konkreten Situation das Ermöglichen eines Austauschs aller denkbaren im Plenum angeregten Meinungen, aufrechterhalten? Wir vereinbarten schließlich, das Podium leer zu lassen, jedem von uns zu überlassen, wie sie oder er sich am Diskurs beteiligen wollte, und wählten lediglich einen von uns für die Moderation. Damit trauten wir uns, alles offen zu lassen, und setzten ein Zeichen für das geschwisterliche Gespräch, das sich nur dann richtig entwickeln kann, wenn ein Verzicht auf vertikale (hierarchische) Ansprüche geleistet wird. Daß die Angst, die wir uns damit einhandelten, zu jedem Abschluß gehört, der nicht durch die Illusion der vollen Berechenbarkeit eingeengt wird, läßt Du, schnell Entwichener, mich erahnen.

***

Zwei Beobachtungen standen in der Abschlußrunde der Tagung im Zentrum: 1. Auf dem Podium und am Rednerpult traten vorwiegend Männer auf, denen im Publikum eine Frauenmehrheit gegenübersaß. 2. Die Projektgruppe bestand ausschließlich aus ärztlichen Psychotherapeuten, was offenbar einige (viele?) nicht-ärztliche Psychotherapeuten davon abgehalten hatte, an der Tagung teilzunehmen. Beide Beobachtungen betreffen das Problem der gegenseitigen Wahrnehmung, des gegenseitigen Respekts in geschwisterlichen Beziehungen. Die Spannungen und Fehden zwischen ärztlichen und nicht-ärztlichen Psychotherapeuten sind nicht nur künstlich respektive von außen bestimmt durch die Kassenhonorierung. Sie sind verknüpft mit dem Problemverhältnis verschiedener therapeutischer Schulen untereinander. Dabei zeichnet sich nach den oft gegenseitig entwertenden Positionskämpfen der letzten Jahrzehnte wieder vermehrt in verschiedenen therapeutischen Schulen ein gemeinsames Interesse ab, „intrapsychische Entwicklungsprozesse in Abhängigkeit von interpsychischen Beziehungsstrukturen zu studieren" (Bauriedl 1995): Geschwisterlichkeit als Hoffnung, daß ein Gespräch miteinander möglich sein kann im Respekt vor dem Anderssein und in der Wahrung der eigenen Identität, ohne sich gegenseitig kaputtzumachen. Ermutigend in dieser Hinsicht ist beispielsweise, daß das „Prinzip der Selbstreflexion und des Dialogs von allen als bindendes Element" (Bauriedl 1995) zunehmend anerkannt wird. Was Bauriedl in bezug auf den Diskurs unterschiedlicher Meinungen innerhalb der Psychoanalyse formuliert, sollte auch für das Austragen von Streitfragen verschiedener therapeutischer Schulen gültig sein. Und wie bei jeder geschwisterlichen Beziehung wird es auch bei diesen Streitfragen mit Sicherheit immer neue geben.

***

Dein Eintritt in diese Welt und Dein Abschied aus dieser Welt fielen fast zusammen. Und doch hast Du komplizierte Spuren in unseren Köpfen und Beziehungen gelegt, an denen ich mehr als 60 Jahre später herumrätsle auf der Suche nach Hilfen für die eigene Verortung, Hinweisen für den eigenen Weg. Wo Du angekommen bist, kannst Du mir nicht verraten, und deshalb kann ich von Dir auch keine Wegweise erwarten. Der Gedanken an Dich hat mir aber eine Blickrichtung eröffnet, die ich nicht mehr ausblenden kann. Es ist, wie wenn jemand, von dem ich schon immer mal wieder gehört habe, mir tatsächlich begegnet ist, mir damit auch die Lust auf weitere Begegnungen macht.

Dein Bruder Hans-Ruedi

***

Literatur

Bauriedl, T. (1995): Die Ressourcen der Psychoanalyse. In: Burian, W. (Hg.), Die Zukunft der Psychoanalyse. Göttingen, S. 17; 19.

Ley, K. (Hg.) (1995): Geschwisterliches. Jenseits der Rivalität. Tübingen, S. 12.

Antonovsky, A. (1987): Unraveling The Mystery Of Health. How People Manage Stress And Stay Well. San Francisco.

Die Autorin und die Autoren

Manfred Cierpka, Prof. Dr. med., Psychoanalytiker, Facharzt für Psychiatrie und Psychotherapeutische Medizin, ist Ärztlicher Direktor der Abteilung für Psychosomatische Kooperationsforschung und Familientherapie an der Universität Heidelberg.

Rudolf Heinz, Dr. phil., ist Professor für Philosophie an der Heinrich-Heine-Universität Düsseldorf.

Mathias Hirsch, Dr. med., Facharzt für Psychiatrie und Psychotherapeutische Medizin, ist niedergelassen in psychoanalytischer Praxis. Er ist Dozent und mit Lehranalysen beauftragt am Düsseldorfer Institut für Psychoanalyse und Psychotherapie.

Hans Holderegger, Dr. phil., ist Psychoanalytiker in eigener Praxis in Zürich und Dozent am Freud-Institut.

Katharina Ley, Dr. phil., ist Psychoanalytikerin in eigener Praxis.

Hans-Rudolf Müller-Nienstedt, Dr. med., Arzt für Kinder- und Jugendpsychiatrie, ist Familientherapeut in eigener Praxis.

Hans Sohni, Dr. med., Facharzt für Psychotherapeutische Medizin und für Kinder- und Jugendpsychiatrie, ist Psychoanalytiker in eigener Praxis.